CONVIVER
SEM BULLYING

COMPARTILHANDO RELAÇÕES DE RESPEITO

JOSÉ MARÍA AVILÉS MARTÍNEZ

Conviver
SEM BULLYING

COMPARTILHANDO RELAÇÕES DE RESPEITO

Paulinas

Dados Internacionais de Catalogação na Publicação (CIP)
Angélica Ilacqua CRB-8/7057

Martinez, José M. Avilés
  Conviver sem bullying : compartilhando relações de respeito / José M. Avilés Martinez ; tradução de Oscar Ruben Lopez Maldonado. - São Paulo : Paulinas, 2024.
  168 pp. (Coleção Psicologia, família e escola)

  ISBN 978-65-5808-273-6
  Título original: Convivir sin bullying: compartiendo relaciones de respeto

  1. Bullying 2. Escola 3. Comportamento 4. Educação I. Título II. Maldonado, Oscar Ruben Lopez

24-0035   CDD 302.343

Índice para catálogo sistemático:
1. Bullying

Título original: Convivir sin bullying: compartiendo relaciones de respeto
© Narcea, S.A. de Ediciones, 2019.
Paseo Imperial, 53-55 - 28005 - Madrid - España

1ª edição – 2024

Direção-geral: *Ágda França*
Editora responsável: *Andréia Schweitzer*
Tradução: *Oscar Ruben Lopez Maldonado*
Copidesque: *Ana Cecilia Mari*
Coordenação de revisão: *Marina Mendonça*
Revisão: *Mônica Elaine G. S. da Costa*
Gerente de produção: *Felício Calegaro Neto*
Capa e diagramação: *Elaine Alves*

Nenhuma parte desta obra poderá ser reproduzida ou transmitida por qualquer forma e/ou quaisquer meios (eletrônico ou mecânico, incluindo fotocópia e gravação) ou arquivada em qualquer sistema ou banco de dados sem permissão escrita da Editora. Direitos reservados.

Cadastre-se e receba nossas informações
paulinas.com.br
Telemarketing e SAC: 0800-7010081

Paulinas
Rua Dona Inácia Uchoa, 62
04110-020 – São Paulo – SP (Brasil)
📞 (11) 2125-3500
✉ editora@paulinas.com.br

© Pia Sociedade Filhas de São Paulo – São Paulo, 2024

Sumário

INTRODUÇÃO 7

CAPÍTULO 1
Entender o *bullying* no contexto dos problemas
da convivência escolar 13

CAPÍTULO 2
Do que falamos quando definimos o *bullying* 37

CAPÍTULO 3
O que envolve a dinâmica do *bullying* 57

CAPÍTULO 4
A intervenção 79

CAPÍTULO 5
Na prática 113

PARA SABER MAIS 153

REFERÊNCIAS BIBLIOGRÁFICAS 159

Introdução

O assédio entre iguais ou *bullying* é hoje um grande problema educacional, considerado relevante por todos os atores envolvidos na comunidade escolar. Tão relevante que muitas escolas o situam entre as suas prioridades de trabalho preventivo ao conceberem seus planos educacionais e de convivência. Os projetos educativos das escolas o identificam como um dos riscos a serem evitados e enfrentados. Os sistemas disciplinares das escolas o combatem com políticas punitivas para erradicá-lo.

De um ponto de vista mais preventivo e proativo, a partir de diferentes planos educativos e de convivência e, em menor medida, com projetos *antibullying* específicos, são reunidas ações para tornar os espaços escolares mais saudáveis e seguros, livres de assédio, e para estabelecer relações socioemocionais construtivas que favoreçam o aprendizado e o rendimento acadêmico de forma mais favorável.

Essas vertentes de política educativa, no entanto, ainda estão longe de uma efetiva inserção no planejamento educacional da prática docente de cada equipe e de cada professor e professora. Apesar da convicção por parte dos profissionais da educação sobre a importância e a necessidade da prevenção do assédio – dada a incidência no bem-estar e no desenvolvimento equilibrado e harmônico da infância e da adolescência –, ainda não há domínio de uma ferramenta nem uma prática habitual entre a bagagem disponível dos docentes, quando precisam administrá-la de forma efetiva nos grupos; ou, mais ainda, não se sabe se têm clareza sobre o que fazer para combatê-lo, quando se defrontam com ele, concretamente, numa sala de aula.

Por outro lado, a comunidade escolar precisa colocar o problema do assédio escolar em perspectiva e entendê-lo em toda a sua dimensão, partindo dos problemas de condutas evidentes que ele gera, assumindo e conhecendo as dinâmicas sociais de rejeição e aceitação que acarreta nos grupos, procurando evitar o grande impacto dos problemas emocionais resultantes da sua ocorrência, e não esquecendo algo muito importante: a gestão dos juízos e condenações morais que induz nos participantes.

Isso pressupõe duas *implicações educativas*. De um lado, considerar todas as dimensões do problema, das mais públicas e visíveis às mais internas e pessoais; e, de outro, a direção dos mecanismos de gestão e os planos de ação contra o assédio, da regulamentação meramente externa, até o aprendizado dos mecanismos de autorregulação. Planos que são relevantes e decisivos para uma intervenção educativa global e completa.

Nesse sentido, discutir o *bullying* a partir de uma perspectiva moral obriga a tomá-lo em toda a sua profunda dimensão e implicações educativas. Isso supõe abordar, com os que dele participam, as representações que têm de si mesmos e das outras pessoas nessas dinâmicas, bem como construir de forma consciente valores justos e respeitosos nas dinâmicas relacionais; por fim, como se comprometer com estruturas e ações assistenciais, quando o assédio começa a surgir no grupo de convivência.

Seguir essas perspectivas supõe reflexão e debate dentro da comunidade educacional e, especialmente, entre os profissionais da educação em postos de liderança. Implica situar o problema do assédio escolar no marco da relevância entre os problemas de convivência e agir consequentemente.

Isso supõe fornir a escola e a comunidade educacional de marcos de planificação, debate, avaliação, participação, ação e supervisão, para gerar estruturas e sinergias que permitam abordar a questão de forma coletiva. Nesse sentido, decisões sobre como construir um *projeto antibullying* na comunidade educacional, dotando-o de estruturas e ações visíveis das quais todos participem, é uma decisão fundamental. Reunir todas as decisões em torno desse projeto implica tornar visível a luta contra a violência nos espaços e tempos da comunidade escolar e em cada um de seus setores.

Trabalhar nessa perspectiva supõe *organizar as ações* nas estruturas organizativas e na prática curricular da escola, bem como em suas decisões:

- *Do político ao organizativo.* As decisões de projeto educacional devem tomar corpo em decisões organizativas, como as de criar um "Grupo de Convivência" entre os professores, contar com estruturas de apoio, mentoria ou conselho entre os alunos ou estabelecer grupos de famílias que combatam a violência e eduquem seus filhos e filhas, de forma que rejeitem o abuso como princípio moral. A visibilidade dessas estruturas, seu funcionamento e o reconhecimento de suas decisões na comunidade irão outorgar-lhes a legitimidade necessária para que o trabalho seja efetivo.

- *Do teórico ao prático.* Não basta saber e conhecer o que é o *bullying*, como ele se produz e se desenvolve. Trata-se de fornecer a quem luta contra ele ferramentas práticas de gestão para saber abordá-lo e geri-lo com segurança. O presente livro pretende colaborar com essa finalidade, lançando luz sobre o fenômeno para ajudar a conhecê-lo melhor, apresentando dinâmicas práticas que tornem mais eficientes aqueles que tentam administrá-lo. Não é suficiente a formação; o corpo docente necessita de treinamento.
- *Do programático ao funcional.* Não se trata de combater o *bullying* porque é adequado e está previsto no programa de uma escola; os membros da comunidade educacional devem tornar decisões basicamente funcionais sobre o *bullying*. O que vierem a realizar deve ser motivado pela utilidade em resolver os problemas que tiverem diante de si e para que saibam fazê-lo. Não se deve fazer nada contra o *bullying* para "cumprir uma obrigação" ou porque assim o prescreve um programa.

A comunidade escolar tem diante de si uma série de desafios importantes, sobre os quais deve estabelecer prioridades na luta contra a violência.

A formação como treinamento

Até hoje houve muita formação e tentativas de aproximar os professores das ideias sobre o *bullying* e o seu funcionamento. Foram colocados em prática planos preventivos e linhas de ação pelas administrações educacionais. No entanto, ainda há um déficit em saber o que e como fazer, quando um professor em sua escola ou sala de aula encara um caso específico. É necessário implementar mecanismos de treinamento e gestão para perceber os casos em todas as suas dimensões, de forma a habilitar os mecanismos necessários que nos permitam abordá-los com suficientes garantias de êxito. Nesse sentido, é preciso haver menos formação e mais treinamento.

A prática intencional coordenada e conjunta

Deixemos de lutar contra o *bullying* por nossa conta. É urgente implementar medidas coletivas e no contexto de outras que afetam a convivência em geral. Isso não significa que não seja essencial programar medidas específicas contra a violência. Longe disso. No entanto, a visão holística, programada, coordenada e intencional, que envolve a implementação de ações em conjunto, torna-nos muito mais eficientes nesse sentido.

Conseguir uma cultura *antibullying* na comunidade educacional é um terreno fértil que permite promover de forma muito mais intensa as medidas que programamos e realizamos contra o assédio. Os agressores terão muito menos espaço para manobras se o ambiente ao seu redor disser e fizer outras coisas, seguir em outra direção. E esse trabalho deve ser feito permanentemente, sem descanso.

Sempre dissemos que a luta contra o *bullying* não é uma corrida de velocidade, mas uma maratona. Não se trata de uma questão de moda. São ações que temos de incorporar em nossos projetos educacionais de forma permanente, porque a tentativa de exercer o poder de forma abusiva pode ocorrer a qualquer momento.

A estruturação em torno de um *projeto antibullying* útil

Isso nos leva naturalmente a ser efetivos e reunir todas as ações e ferramentas que dispomos contra o *bullying* em torno de um projeto visível, estável e participativo, que todos os membros da comunidade educacional reconheçam como a ferramenta mais prática e confiável à disposição para a defesa contra o assédio: o *projeto antibullying* da comunidade educacional.

Capítulo 1

Entender o *bullying* no contexto dos problemas da convivência escolar

Quando acontece um caso de *bullying*, ele não surge do nada. Existem condições para que ele possa se desenvolver. Seja porque há fatores que o favorecem, seja porque não há elementos preventivos adequados ou suficientes para conter e neutralizar a força com que ocorre.

Além disso, não se trata tanto de avaliar como o assédio surge ou pode surgir, mas de tomar consciência e de implementar ferramentas que possibilitem que seu trajeto seja, ou deva ser, necessariamente curto. Estamos falando de elementos preventivos, estruturais, de gestão, de cultura, de colaboração, que fazem com que o percurso que um caso de assédio possa ter diante de si seja limitado. Estamos falando de compreender o assédio no âmbito global da convivência em que ocorre e de avaliar o equilíbrio de fatores presentes nesse âmbito (*ecoconvivência*) que favoreçam ou contradizem o próprio assédio.

A ecoconvivência

O *bullying* é cada vez menos combatido de modo isolado ou apenas diretamente sobre ele. Quando uma pessoa decide, tem a tendência de implicar com outra de forma abusiva e realmente o faz, é porque na sua avaliação da situação e do contexto entende que tem a possibilidade de sair vitoriosa e incólume. O que ouviu, conheceu, experimentou no seu percurso escolar e dentro do grupo, na sua cultura dominante, deu-lhe a entender e a levou a supor que tais ações são possíveis e podem ser realizadas sem custos excessivos. Da mesma forma, aquele que se reconhece como fraco, com possibilidade ou certeza de ser assediado, decifra o seu contexto e não costuma encontrar elementos confiáveis em que possa apoiar-se ou combater a dominação que sofre ou poderá sofrer. Por fim, aqueles que vivem na cultura do grupo de iguais e contemplam as pessoas e os valores que predominam nele, sabem com certeza se há condições e discursos a favor ou contra o apoio às vítimas de assédio ou se é melhor permanecer em silêncio quando o *bullying* acontece.

Ou seja, todos sabem, sabemos, se existem condições de proteção ou de risco num grupo, numa escola, numa comunidade educacional, incluídos aqueles de formação e treinamento de professores para gestão de casos, que nos informem o rumo que os eventos provavelmente tomarão se ocorrerem.

Por outro lado, esses fatores condicionantes não necessariamente têm a ver diretamente com o assédio. Podem ter relação com outros elementos estruturais, organizacionais, de valores ou decisões curriculares, que vão além dos próprios atores e situações de assédio e que normalmente não têm a ver com eles.

Por isso, é essencial não encapsular *o bullying* ao tratá-lo e geri-lo, mas sim entendê-lo e combatê-lo em esferas preventivas e de ação e coordenação mais amplas, como as da melhora da convivência escolar dentro das comunidades educacionais. Além disso, as ações previstas nos diferentes níveis de concreção devem ter sintonia educacional e pedagógica. Devem encontrar no ecossistema escolar um equilíbrio complementar que ajude no direcionamento que é intencionalmente almejado: o de melhorar a convivência interpessoal e de prevenir o assédio.

Esse equilíbrio ou desequilíbrio de fatores em uma ou outra direção, de natureza multidimensional e multirrelacional, configura o conceito de *ecoconvivência* do qual falamos e que permite que uma mesma medida ou ação em uma escola não se enraíze ou seja eficaz da mesma forma que em outra, ou que, apesar de terem a mesma informação, formação ou treinamento adequados, os problemas de convivência ou assédio evoluam ou derivem em cenários diferentes.

Alguns indicadores, a sua existência e o seu tratamento dentro das escolas, apontam a melhor direção para trabalhar com harmonia e equilíbrio recíproco os problemas de convivência escolar, e o *bullying* como uma expressão extrema de um deles.

Descritores

Pesquisas recentes concentram-se na elaboração de descritores (Avilés; Notó, 2017) que identificam indicadores de situações desejáveis de trabalho, que funcionariam como fatores de proteção ou de risco, dependendo de sua presença ou não nas instituições escolares. Tais indicadores são identificados tanto para as situações de conflito quanto para ambientes em que o abuso se manifesta.

Para sua definição e avaliação, foram agrupados em diversos âmbitos, que respondem a critérios de organização, procedimentos, tomada de decisões, formativos etc., conforme mostrado na Figura 1.1. Partindo da ideia de que alguns deles podem estar em mais de uma categoria, a classificação se deve ao grau de influência e relevância que possuem para a melhoria das condições de convivência ou para a prevenção de situações de conflito ou violência nas dinâmicas escolares das comunidades educacionais.

No entanto, o que queremos dizer quando falamos de *descritores de convivência*? Essa expressão diz respeito aos elementos transversais do conteúdo de trabalho que sejam relevantes e significativos para a implementação de ações para a melhoria da convivência e/ou de prevenção de situações de conflito e assédio.

Cada um dos descritores possui uma série de indicadores de referência, que também são indicadores de avaliação, característicos em modelos de convivência escolar, com uma perspectiva integradora das situações problemáticas a partir de um referencial conceitual que denominamos *convivência positiva* (Avilés, 2017b).

ESTRUTURAIS	DE GESTÃO	POLÍTICOS	DE CRESCIMENTO
• Estruturas reconhecidas	• Gestão de situações problemáticas	• Visualização da convivência	• Competências para a convivência
• Equipes de trabalho	• Participação e sistemas de relações	• Presença das famílias	• Formação--inovação
• Redes de colaboração	• Comunicação--difusão	• Protagonismo dos alunos	• Suportes documentais
• Documentos institucionais	• Gestão de dados	• Orientação das propostas disciplinares	• Abertura ao ambiente
	• Respostas diversificadas		

Figura 1.1. Critérios de agrupamento de descritores de êxito na convivência.

Os descritores têm uma característica transversal, o que evita e os distanciam de uma dependência situacional ou contextual no momento de analisá-los. Dessa forma, não se está sujeito a determinados elementos, atores ou figuras próprias da convivência escolar, como podem ser, por exemplo, os coordenadores disciplinares, auxiliares de sala de aula ou os planos de convivência, entre outros. Sua transversalidade lhes oferece uma característica compartilhada e comum a muitas situações e figuras de convivência, o que facilita sua análise, avaliação e comparação.

Esses descritores revelam conteúdos de ação básicos e relevantes no trabalho preventivo de convivência e erradicação do assédio (Avilés, 2017b), agrupados nos quatro âmbitos apresentados na Figura 1.1: *estruturais*, *de gestão*, *políticos* e *de crescimento*.

A seguir, caracterizam-se os âmbitos de agrupamento em que cada grupo de descritores está incluído e, por razões de espaço, aqui é desenvolvido um único descritor significativo, como exemplo em cada âmbito, com seus indicadores mais relevantes.

Fatores estruturais

Referem-se a elementos orgânicos, oficiais e estáveis ao longo do tempo numa instituição de ensino, que orientam o trabalho de convivência e prevenção do assédio. Analisam as estruturas, órgãos e redes que uma instituição ou grupo educacional tem a sua disposição e que são considerados relevantes para o caso. Verificando a existência e o funcionamento dessas estruturas ou redes, é possível avaliar o grau de proteção da convivência e a promoção de políticas orientadas para a realização de objetivos centrados na sua melhoria e na prevenção do assédio. Isso é necessário para que se possa avaliar se a instituição está orientada para a tarefa, se colocou em prática ou dispõe de elementos preventivos ou de intervenção diante do assédio ou para a solução de conflitos.

A implementação de medidas estruturais envolve ações de longo prazo e com uma visão propedêutica sobre o que se deseja alcançar na convivência ou para prevenir o assédio.

De todos os fatores estruturais, escolhemos o descritor *estruturas reconhecidas* por ser um elemento estrutural representativo nesse âmbito e indicamos alguns de seus componentes significativos (indicadores) no trabalho preventivo.

Estruturas reconhecidas

Por estruturas reconhecidas compreendemos os suportes organizados e legitimados (documentos, grupos e redes existentes em qualquer setor da comunidade educacional) que dinamizam e mantêm as ações de convivência e de prevenção do assédio de forma direta, e outros que, sem ter exclusivamente essa organização ou função, as apoiam e ratificam.

Em qualquer contexto educacional existem estruturas consolidadas pela norma, como Planos ou Comissões de Convivência ou a figura de um Coordenador ou Orientador Disciplinar/de Convivência, com experiência e estabilidade reconhecidas. No entanto, outras estruturas menos visíveis, não legitimadas ou inexistentes têm se mostrado úteis para a melhoria da convivência e para a prevenção do assédio, se forem desenvolvidas sob determinadas condições (Fernández, 2001; Smith, 1993; Thompson e Smith, 2010; Smith, Schneider, Smith e Ananiadou, 2004; Tenenbaum, Crosby e Gliner, 2001). Por isso, é conveniente que elas tenham maior grau de presença, visibilidade e suporte normativo nas escolas.

Das que existem e são reconhecidas, é necessário refletir sobre a sua funcionalidade e eficiência sobre a convivência nas escolas. Por exemplo, se a escola tem um Plano de Convivência cuja utilidade e mecanismos de renovação e atualização precisam ser melhorados; se a escola tem uma Comissão de Convivência e deseja-se que seja potencializada mais sua função educativa do que a punitiva para, assim, melhorar seu funcionamento, sua capacidade de empoderar setores como o dos alunos e das famílias, através do envolvimento e compromisso em outros processos e ferramentas para a convivência; se as figuras dedicadas à convivência ou encarregadas de intervir em casos de assédio (*coordenadores ou orientadores disciplinares, especialistas em intervenção imediata*) são modelos suficientes ou convenientes para realizar esse trabalho.

Das que não possuem uma suficiente implementação generalizada, é necessário exigir seu estabelecimento e/ou um desenvolvimento e orientação mais adequados de trabalho, para que o seu desempenho seja o mais eficiente possível. Nesse sentido, são apontados alguns *indicadores* dentro desse descritor, os quais têm se mostrado eficazes e contribuído para o crescimento das comunidades que os ativaram no desenvolvimento de planos de convivência positiva e de luta efetiva contra o assédio (Avilés, 2013, 2015; Avilés e García Barreiro, 2016; Avilés, García e Matéu, 2012; Cowie e Jennifer, 2007). Destacamos os seguintes:

- *A necessidade de formar equipes de convivência* como estruturas reconhecidas nas escolas, em vez de abordagens individuais e a determinação de funções e ações, o que reforça a ideia de liderança compartilhada (Avilés, 2018b) ao organizar e estruturar o trabalho de convivência e prevenção do assédio. Seriam profissionais trabalhando em equipe com responsabilidades em questões de convivência. Seria uma estrutura indispensável para administrar cada uma das ações de convivência em uma escola, por exemplo: os acordos de reeducação com os alunos (Alonso e Avilés, 2012), separando-se das execuções disciplinares; a intervenção em casos de assédio ou *cyberbullying* que ocorrem na escola (Avilés, 2013), abordando as propostas educativas de solução e/ou restauração, derivando sua gestão às figuras mais adequadas ou supervisionando o cumprimento dos compromissos; também para desenvolver estruturas como os Sistemas de Apoio entre Iguais (SAI), ajuda, mediação, mentoria cibernética, tutoria entre iguais...; para proporcionar formação em convivência a essas redes de apoio entre iguais e a todos os setores da comunidade educativa e suas estruturas, fóruns familiares, equipes de professores, grupos de alunos etc.

- Isso requer, sem dúvida, apoio organizativo e reconhecimento institucional que o torne possível, o que demanda compromisso político e de recursos, uma vez que seria necessário o correspondente apoio de tempo e a localização funcional no organograma da escola.

- Derivado da medida anterior, um indicador complementar é *ter referências individuais habilitadas que assumam responsabilidades pela convivência*. Não se trata de uma contradição ao indicador anterior. O funcionamento coletivo da equipe integra indivíduos que realizam essas tarefas. Um exemplo disso é a figura da Tutoria de Convivência (Avilés, García e Matéu, 2012). Um tutor de convivência é um docente que apoia o tutor do grupo, a equipe docente, as famílias ou os alunos em grupo, em assuntos e ações de convivência. Geralmente, são figuras que atuam por nível educacional, gerenciam os acordos reeducativos e supervisionam e formam os SAI. A exigência de tempo dentro do seu horário letivo e/ou laboral é indispensável para obter a adesão e conseguir a estabilidade dessa figura no sistema.

- Mas não é só isso. Para os alunos, devem ser figuras de confiança a quem recorrer quando têm algum problema. Precisam ter capacidade e compromisso para manter níveis adequados de confidencialidade, ter aptidão para expressar de forma moderada suas propostas, com flexibilidade na execução das diretrizes disciplinares e de demonstrar empatia e aproximação emocional. Para o corpo docente, devem desenvolver a habilidade de compartilhar algumas tarefas com os professores em sala de aula, respeitando a prioridade deles. Portanto, devem ser capazes de sugerir, complementar, valorizá-los, colaborar com eles etc. Ou seja, as qualidades exigidas de qualquer pessoa cuja eficiência dependa da coordenação de seu trabalho com as demais.

- Outro indicador de um trabalho eficiente em convivência e prevenção do assédio é a existência de *estruturas reconhecidas entre os alunos*. São os chamados Sistemas de Apoio entre Iguais (Avilés, 2017a, 2018b; Cowie e Jennifer, 2007). São sistemas que introduzem estruturas de apoio entre pares dentro dos grupos para resolver tanto as questões de convivência como o abuso entre iguais. São sistemas supervisionados por adultos, mas de funcionamento autônomo por parte dos alunos. Vários deles podem coexistir sem contradição numa mesma escola, porque podem ser responsáveis por diferentes tarefas.

- Em geral, costumam ter um desenvolvimento desigual em cada instituição, dependendo da modalidade que considerarmos. Embora existam sistemas de mediação em muitas escolas, não há muitos sistemas de ajuda e menos ainda de mentoria, tutoria entre iguais ou *cybermentoria*

(Avilés, 2017a). Da mesma forma, esses sistemas foram projetados para várias funcionalidades. Existem sistemas projetados para resolver conflitos (mediação), outros para apoiar processos acadêmicos (tutoria), outros dedicados a proporcionar acompanhamento (acolhida) e outros para fornecer apoio pessoal e prevenir o *bullying* (ajuda e mentoria).

- Na Espanha, seu desenvolvimento é menor no Ensino Fundamental do que no Ensino Médio ou Profissionalizante. É necessário tanto diversificar como ponderar a sua funcionalidade. Ponderar exige destiná-los às funções que melhor desempenham, considerando todas as situações de ruptura da convivência, não apenas o assédio, como costuma ser frequente. Diversificar significa apresentar e implementar os menos usados, facilitando a formação nos mais recentes e menos conhecidos, como a *cybermentoria* (Avilés, 2018a; Avilés; García Barreiro, 2016).

- *Consolidar estruturas entre os pais e as mães da comunidade educacional* também tem se mostrado eficaz no trabalho em valores e convivência positiva. Promover encontros familiares, de forma bem planejada e administrada, pode supor um trabalho das famílias em matéria de educação em valores, reforço das diretrizes educativas, competência social e desenvolvimento moral dos alunos, além de ajudar na visibilidade da presença das famílias em outras ações de convivência na escola.

- Em referência à abordagem do assédio, neste descritor de estruturas reconhecidas vale mencionar a *aula de reflexão*

(Avilés, 2015: 269), que, quando organizada de forma coerente e sem contradições, é uma resposta não apenas a situações de pré e pós-assédio, mas também a outras de disrupção ou indisciplina. O uso dessa ferramenta ajuda o aluno a se situar no ponto de partida para encontrar uma solução para o assédio do qual participou. Permite que ele se responsabilize pela parte que lhe corresponde e pela tomada de decisões ante as consequências dos processos disciplinares e/ou de justiça restaurativa que deverá enfrentar ou que podem surgir da situação de assédio.

Embora seja um indicador que, quando colocado em prática, visa corrigir comportamentos e, portanto, destina-se a acompanhar pessoas que se desviam de alguma forma das regras, a *aula de reflexão* também traz benefícios a outros perfis envolvidos em situações de ruptura de convivência, assim como às pessoas envolvidas nas situações de assédio, como as vítimas, ou à sala de aula e/ou consequentemente ao ambiente de convivência.

Fatores de gestão

Esta seção trata das *metodologias e formas de responder* aos problemas. Tem a ver com os procedimentos ou formas de agir na convivência ou na prevenção de conflitos ou violência; com a variedade ou uniformidade nas diferentes soluções encontradas para os casos; com as formas de organizar as relações dentro da comunidade educacional e o espaço que se lhes dá; e com os canais disponíveis para comunicar, construir e resolver situações.

Refere-se aos protocolos estabelecidos na instituição para lidar com algumas questões relevantes ou comuns a ela ou, por exemplo, para interagir com outras instituições ou com a mídia; as regras a seguir ao lidar com os dados, usar as imagens dos menores ou organizar uma comemoração ou um dia de formação etc. São descritores orientados mais ao cotidiano e a questões práticas, embora alguns deles tenham vocação de permanência na instituição.

Dentre os descritores incluídos nesta seção, optamos por desenvolver aquele que reflete o objetivo final com o qual a instituição aborda os problemas de convivência. Além disso, é suficientemente relevante e genérico para permitir enquadrar e orientar os demais protocolos de ação, tanto na melhoria da convivência quanto na gestão de conflitos ou *bullying*.

Gestão de situações problemáticas

Por gestão de situações problemáticas entendemos o modelo educacional que a comunidade utiliza para resolver as situações conflituosas que ocorrem dentro dela e as ferramentas que tem à sua disposição para poder fazê-lo.

Quanto à gestão da sua convivência, a comunidade é obrigada a refletir e tomar decisões sobre a política disciplinar a ser instalada na escola e o modelo de gestão dos conflitos a ser utilizado, incorporando alguns indicadores referenciais que se mostraram positivos:

- Os processos sancionadores utilizam elementos educativos, incorporando prestação de serviços à comunidade e dinâmicas restauradoras de *gestão a partir de círculos restaurativos* (Hansberry, 2016; Rullan, 2011).

- *Utilizam-se acordos reeducativos* (Alonso e Avilés, 2012) como instrumentos disponíveis no sistema de gestão dos conflitos. Oferecem-se diferentes acordos para cada situação. Diferenciam-se acordos sociais, comportamentais e acadêmicos.
- *A mediação* (Boqué, 2005, 2009, 2018) é um sistema de resolução de conflitos na instituição. Aplica-se a todos os setores da comunidade educacional (mediação intersetorial e mediação comunitária), e não apenas entre os estudantes.
- Facilita-se e promove-se alguma modalidade de *contrato de compromisso* (Avilés, 2015) entre os setores da comunidade educacional. Proporcionam-se modelos, formação e treinamento para sua aplicação.
- *Existem fóruns para administrar os problemas de convivência* resultantes do uso das redes sociais e da internet. Há debates, propostas de solução e adoção de compromissos (acordos e contratos) em âmbito familiar e escolar. Proporcionam-se modelos, formação e treinamentos sobre o uso de dispositivos móveis em diferentes contextos (Avilés, 2018a; Avilés e García Barreiro, 2016).

Em relação à gestão do assédio, um indicador relevante é o grau de participação dos diferentes setores da comunidade educacional de forma normalizada e institucionalizada (Olweus, 1998). Isso implica envolver os alunos e as famílias, assim como prover os professores de ferramentas de gestão, principalmente de formação e treinamento na condução dos casos de assédio. Isso se incorpora em alguns indicadores preventivos e de gestão:

- Os alunos devem ser envolvidos na *implementação e gestão de regras antibullying* no grupo/sala de aula. Os professores devem ser treinados para essa tarefa.
- Os alunos devem participar de *estruturas de prevenção do assédio virtual*, como a *cybermentoria* (Avilés e García Barreiro, 2016).
- O corpo docente deve dispor de *estratégias de gestão com o grupo de iguais* para as situações em sala de aula:
  - É preciso haver *formação específica* para a gestão de assédio na sala de aula.
  - As informações podem ser obtidas a partir de *instrumentos de avaliação* para detectar situações de assédio.
  - É preciso haver *treinamento sobre a condução do assédio* inicialmente com o grupo: as mensagens enviadas, as mensagens para a vítima (se forem oportunas, como e quando), as mensagens para os agressores (como, quando e onde) e a mensagem e o trabalho com o grupo/sala.
  - É necessário ter *diferentes respostas de gestão* à disposição, conforme a situação a ser abordada: *bullying* grupal, *bullying* homofóbico, grupo de pressão intimidador, desvios externos, *bullying* feminino, vítima agressora, vítima provocativa, perfis duplos (agressores vitimizados), agressores indiretos etc.
  - Devem ser incorporadas diversas *técnicas de treinamento com o corpo docente* para a gestão de situações de assédio incipiente e presente, como o Método Pikas (Pikas, 1989: 91-105) ou o Método de Não Inculpação (Robinson e Maines, 2003).

- As famílias podem discutir e apresentar propostas sobre a prevenção do assédio nos *círculos familiares* (Olweus, 1998). Trabalhar diretrizes educacionais com seus filhos para enfrentar o *bullying* (Monjas e Avilés, 2006; Rigby, 2002).
- É preciso que os alunos envolvidos em casos de assédio e suas famílias tenham a oportunidade de *registrar suas opiniões nos protocolos de ação* de assédio da escola.

Fatores políticos

Trata-se de elementos de fundo; de posicionamento e de reflexão. Os fatores políticos referem-se a questões relacionadas à tomada de decisões educativas e pedagógicas na comunidade educacional.

Geralmente se baseiam em posicionamentos ideológicos, tradições pedagógicas ou concepções educacionais, mas também incorporam práticas baseadas em conhecimentos e pesquisas comprovadas. Revelam o que se pensa que seja eficaz para melhorar a convivência e prevenir o assédio. Nesse sentido, estão relacionados com o próximo bloco de descritores de crescimento. No entanto, têm um peso orientador importante.

Em geral, são descritores propositivos, que inspiram a filosofia do trabalho na convivência positiva e sinalizam as linhas de compromisso mais importantes.

Dos descritores que vimos com essa carga de intenção, neste bloco optamos por desenvolver aquele que aparentemente tem o perfil menos ideológico, mas que acumula uma evidente força deliberada.

A visualização da convivência

Entendemos por *visualização* as intenções e decisões políticas e os resultados obtidos a partir delas, ao mostrar e fazer ver os projetos de convivência e/ou prevenção do assédio e suas ações, a partir dos esforços de comunicação e divulgação que se realizam tanto nos espaços internos quanto externos da comunidade educacional.

Esse posicionamento implica avaliar como é importante ocupar os espaços e os tempos daqueles que convivem com mensagens, imagens ou suportes que transmitam o que a comunidade educacional considera fundamental em sua filosofia de convivência.

No âmbito da convivência positiva, a visualização do trabalho em convivência é um descritor que tem a ver com a difusão e a comunicação. Funciona como um apoio externo que apresenta as mensagens e ações no cotidiano da comunidade educacional e fora dela.

A linguagem dominante, por ação, torna-se aquela que intencionalmente se deseja transmitir e que gerencia valores de acordo com a ética cidadã. O que não é visto não existe. Portanto, dentro e fora das escolas, é necessário internalizar como costume a demonstração do que se faz em termos de convivência.

Em ambas as esferas (dentro e fora da escola) é preciso visualizar a melhoria da convivência por meio de diferentes indicadores, como os apontados a seguir:

- *As mensagens construídas.* É necessário que haja um discurso estruturado e consensual dentro da comunidade sobre o que se entende e o que se deseja com relação à convivência positiva e quanto às formas de resolver os problemas, quando surgem. Essas mensagens precisam circular de tempos em tempos e não devem apresentar ambiguidade nem contradição. Devem ser apoiadas e compartilhadas por todos os setores.

- *A presença.* O que for realizado deve ser compartilhado e celebrado. Será necessário encontrar espaços para a sua visualização, desfrute e homenagem. Essas tarefas devem ocupar o tempo e o espaço compartilhado dos membros da comunidade.
- *Os materiais.* Serão a estrutura que dá suporte às mensagens e ao modo de torná-las visíveis. São as respostas válidas para a convivência ou para a prevenção do assédio que se institucionalizam e se compartilham com toda a comunidade a partir de um caderno, um áudio sensibilizador, um vídeo celebrativo ou um meme comemorativo. Significam um estímulo para os alunos e os adultos para a criação de suportes gráficos, visuais e auditivos que impulsionem as mensagens (cultura e criatividade audiovisual). Para isso, é necessário ser genuíno, elaborar materiais próprios e adaptados ao contexto e dizer como nos sentimos e em que acreditamos.
- *Canais e redes de difusão.* Na era da informação e da comunicação é indispensável difundir as mensagens através de diversos canais, quanto mais melhor, utilizando as redes, os perfis e os possíveis meios de comunicação. Interna e externamente, com mensagens, *merchandising* e materiais, na web, nas redes sociais, nos meios de comunicação, com cartazes, áudios, vídeos...

- *A linguagem.* Em suportes e linguagens novas, que alcancem cada vez mais pessoas. A prevenção e o combate do assédio também devem ser expostos e apreciados. Ao contrário do que muitas instituições fazem, não se deve evitar essa tarefa. Escondê-la não parece um bom indicador. Pelo contrário, é necessário proclamar:
  - Que em nossa escola e em nossa comunidade educacional existe um projeto *antibullying* (Avilés, 2015) que dispõe de ferramentas para combater a violência.
  - Que existem momentos e espaços estabelecidos para mostrar e celebrar (comemorações e datas festivas) o que se faz contra o *bullying* ou o *cyberbullying*.
  - Que são realizadas campanhas de conscientização contra a violência entre iguais e que são criados ícones que as lembram e as representam.
  - Que são desenvolvidos e difundidos materiais e produtos que evidenciam as ações e orientam a intervenção educativa em nossa comunidade.
  - Que em qualquer idade ou etapa educativa é possível trabalhar contra o abuso. É significativa, por exemplo, a idoneidade de trabalhar contos no Ensino Fundamental (Alonso, 2016), de forma guiada, como meio de prevenção e intervenção. Ou o uso de materiais gráficos e visuais no Ensino Médio e Profissionalizante para a gestão preventiva de situações de assédio com os alunos (Avilés e García Barreiro, 2016; Slonje, Smith e Frisén, 2013; Ttofi e Farrington, 2011), especialmente no que diz respeito ao *cyberbullying* e ao uso positivo das redes sociais e da internet.

Fatores de crescimento

São os descritores de evolução. De projeção do olhar de progresso, de abertura e renovação. A comunidade educacional sustenta-se neles para fortalecer-se e ratificar-se na direção tomada para abordar a questão da convivência ou prevenir o assédio.

São propostas de ensaio e comprovação fundamentadas em pesquisa científica, experimentação e inovação, a fim de melhorar o bem-estar das pessoas que convivem nessa comunidade e otimizar as finalidades da escola além da convivência, no que diz respeito aos processos de ensino-aprendizagem ou de desempenho e, também, ao progresso no desenvolvimento de competências para a convivência.

Portanto, um descritor que funciona como motor de progresso é o trabalho conjunto dos agentes educacionais na promoção e no desenvolvimento das competências para a convivência. Daí sua escolha para a análise de indicadores relevantes.

Trata-se de um descritor que deve construir-se de modo intencional, inserido e previsto nas diretrizes educacionais da família, no código de relações interpessoais dos alunos e no desenvolvimento curricular que os professores põem em prática durante sua prática docente.

Competências para a convivência

Por *competências para a convivência* entendemos o desenvolvimento de ações que trabalhem as habilidades necessárias para a convivência, através de programas intencionalmente estruturados, dentro do currículo, nas famílias ou nas relações entre iguais. Trabalhar a convivência ética na escola implica a construção de um ambiente sociomoral cooperativo que favoreça o desenvolvimento da autonomia, competência que, por sua vez, também deve ser obtida de forma compartilhada.

De um ponto de vista genérico sobre a convivência em geral, há indicadores que denotam uma orientação nesse sentido.

O primeiro deles é a própria existência de *Programas para o ensino-aprendizagem-prática de competências para a convivência* nas comunidades educacionais. Neles, de forma estruturada, o corpo docente participa em conjunto com as famílias e em colaboração com os alunos, propondo uma intervenção na melhoria intencional e programada da convivência.

Essa que, a princípio, é uma declaração de intenções, toma corpo mais tarde em *espaços e tempos em cada um dos setores da comunidade educacional*:

- Há *momentos explícitos no currículo* de desenvolvimento desses programas, por exemplo, não apenas na tutoria, mas inseridos no conteúdo de alguma matéria também de forma coletiva. Alguns temas como "educação para a cidadania", por exemplo, passaram a ser parcialmente contemplados em alguns conteúdos.
- As famílias dedicam espaços sistemáticos de *treinamento com seus filhos e filhas* para a promoção de certas habilidades, como as sociais ou morais.
- Ao grupo de iguais são oferecidas *diretrizes de ação em suas relações interpessoais*. Por exemplo, sobre o uso das redes sociais e da internet através de um programa estruturado (Avilés, 2018a).

Ao mesmo tempo, contempla-se de modo equilibrado e adaptado à idade *uma formação de habilidades cognitivas, emocionais, sociais e morais*, abrangendo as competências que impactam na convivência. Assim, trabalha-se sobre os tipos de pensamento, a educação emocional, a competência social e o desenvolvimento moral.

No caso específico do assédio entre iguais, o trabalho tem sido tradicionalmente feito no estímulo das competências sociais, tanto com as vítimas quanto com os agressores, e principalmente, do ponto de vista emocional, tentou-se compensar o impacto e os danos às vítimas com a recuperação da autoestima e de outros elementos emocionais. No entanto, pesquisas recentes (Avilés e Petta, 2018; Tognetta, Avilés e Rosário, 2016) sinalizam a relação do *bullying* com o desenvolvimento moral dos indivíduos, em consonância com investigações anteriores que relacionavam o *bullying* com as emoções morais e as desconexões morais (Almeida, Correia e Marinho, 2010; Gini, Pozzoli e Hymel, 2014; Menesini e Camodeca, 2008). Isso justifica a necessidade de trabalhar na escola as competências morais dos alunos através da implementação intencional e planificada de programas de desenvolvimento moral como indicador para a abordagem decisiva do *bullying*. Porém, sua aplicação no sistema é hoje claramente insuficiente, dispersa e difusa.

Contudo, ainda é necessário continuar trabalhando também na formação de competências emocionais, sociais e cognitivas dos alunos. É outro indicador apropriado para o trabalho contra o *bullying* quando está inserido no currículo escolar e não de forma não regulamentada ou em momentos isolados e esporádicos, como durante a tutoria.

Enfim, desenvolver e aplicar programas de competências e habilidades para a vida na perspectiva da prevenção do assédio fortalece as escolas e os agentes educacionais, assim como aqueles que são seus destinatários na luta contra o assédio e o *cyberbullying*.

Em suma, ter descritores de convivência, com seus indicadores mais relevantes, permite àqueles que trabalham a convivência positiva e lutam contra o assédio orientar, rever e avaliar seu trabalho e os resultados, para além dos agentes e referências contextuais sobre os quais a responsabilidade recai, dada a sua natureza transversal. Isso permite uma análise mais distanciada, objetiva e comparativa com outras situações e contextos.

Além disso, obriga a identificar práticas bem-sucedidas, instrumentos e medidas eficazes para a luta contra alguns dos fenômenos mais preocupantes da ruptura da convivência escolar, como o assédio, e que ultrapassa seus próprios limites, pois suas causas estão fora deles. São todos condicionantes estruturais, políticos ou de gestão que, sem ter a ver diretamente com o fenômeno, incidem decisivamente na sua gênese, manutenção ou agravamento no interior das comunidades educacionais. Daí a necessidade de fazer uma leitura simultânea dos problemas de assédio com outros que assombram a convivência e a sua interação, tanto em relação aos episódios de conflito quanto no que está mais diretamente relacionado aos cenários de violência interpessoal.

Capítulo 2

Do que falamos quando definimos o *bullying*

Na década de 1970, Olweus (1978) esclareceu o conceito de *bullying* e, desde então, houve tentativas de reunir seus componentes em torno de uma definição que compusemos como "a intimidação e a violência entre estudantes de forma repetida e prolongada, sempre longe do olhar dos adultos, com a intenção de humilhar e subjugar abusivamente uma vítima indefesa, por parte de um intimidador ou grupo de valentões, através de agressões físicas, verbais e/ou sociais, com resultados de vitimização psicológica e rejeição grupal" (Avilés, 2006: 82).

Essa definição destaca diversos indicadores que ocorrem no *bullying*, alguns deles componentes intrínsecos do fenômeno em praticamente todas as suas manifestações:

- A repetição ("de forma repetida")
- A duração ("prolongada")
- A intenção ("com a intenção")
- O desequilíbrio ("abusivamente")

- A indefensabilidade ("indefesa")
- Os formatos ("através")
- As consequências ("resultados")

No entanto, hoje a definição de *bullying* não está completa se não o relacionarmos com uma de suas manifestações mais recorrentes, como é o caso do assédio digital através das redes sociais: o *cyberbullying*. O *assédio virtual* traz componentes específicos para o cenário da violência que o tornam mais fácil para quem agride e ainda mais prejudiciais para quem o sofre. Embora ainda persista o debate sobre se o *cyberbullying* é uma forma indireta de *bullying* ou se é uma entidade independente (Herrera, Romera e Ortega, 2018), dado o objeto desta publicação, vamos nos referir a ele sempre que for pertinente no âmbito do próprio assédio e/ou para entender suas dinâmicas.

Componentes da violência

Costumam ser componentes de uma conduta os conteúdos identificadores que estão nela e/ou que a ela são inerentes. São os motores que a justificam e a colocam em prática. Como outras estruturas, a violência entre iguais tem os seus.

Vários autores iniciaram a avaliação do *bullying* (Avilés, 2013a; Avilés e Elices, 2007; Lee, 2004) focando na abordagem dos componentes da violência, discutindo de forma específica sobre eles, embora nem sempre houvesse consenso em todos os casos. Assim, Olweus fala da existência de *uma desigualdade de poder* entre aqueles que participam do assédio – "desequilíbrio de forças" (Olweus, 1998: 26). Esse componente parece ser comumente aceito na comunidade científica ao se avaliar o *bullying*.

Outro componente que geralmente é nomeado por muitos autores é o da *recorrência* no surgimento de condutas, apontando que não se trata de comportamentos isolados e dispersos, mas que acontecem habitualmente e com as mesmas pessoas. O *bullying* geralmente ocorre repetidamente e se mantém por longos períodos de tempo, de forma recorrente.

A persistência do *bullying* gera naqueles que o sofrem a sensação de medo, inclusive muito além das situações de assédio no caso do *cyberbullying*, o que faz com que continuem sofrendo em outros espaços e tempos diferentes daqueles em que o assédio ocorreu, ou ao repensá-los, revivê-los e antecipá-los.

Por outro lado, Besag (1989) é o primeiro a insistir no aspecto da *intenção* do agressor, questão que nem sempre foi mantida por todos os autores (Olweus, 2017), ocultando-se por trás da ideia de que, na violência entre iguais, às vezes, aqueles que agridem não têm plena consciência dos danos que produzem na vítima, ou que as testemunhas da violência, muitas vezes, juntam-se às provocações sem o propósito de molestar ou causar dano intencional. Essa falta de consenso em relação à intencionalidade não é insignificante, uma vez que marca, em muitas ocasiões, posicionamentos interessados de adultos e uma visão do *bullying* desprovida de planejamento, como uma ocorrência casual, com certo grau de inevitabilidade, como meramente uma sucessão de dinâmicas grupais não intencionais, de diferentes posições de *status* social adquiridas, que colocam os personagens em seus papéis e no cenário de forças de onde advêm os desequilíbrios.

No entanto, isso não impede a ponderação sobre a ausência de intenção ou a falta de consciência de qualquer um dos participantes nos casos de violência, mas sim a motivação para estabelecer seu grau em cada caso analisado. Ao contrário, entendemos que devemos considerá-lo como um componente básico da conduta de violência, entendida como uma ação desejada e realizada por alguém, independentemente do grau de consciência do coro de acólitos que a incentivam ou que se juntam para dela participar.

Talvez seja outro problema delimitar e definir as responsabilidades e impulsos daqueles que tomam parte nesse tipo de conduta, mas, mesmo que seja por omissão ou inibição do grupo de iguais, há um exercício prejudicial de violência sobre a vítima que pode estar indefinido ou que é compartilhado por todos os que dela participam.

Conforme indicado na Tabela 2.1, além dos componentes básicos do assédio, *componentes complementares* também podem ser identificados e avaliados nas diversas situações (Avilés, 2015), ao se observar os envolvidos ou analisando o contexto da ocorrência.

Outra situação é delineada no *cyberbullying* em relação aos componentes. Por se tratar de um fenômeno crescente nos últimos anos (Smith, 2017), tem despertado interesse investigativo em saber o que o diferencia do assédio presencial. Em geral, o *cyberbullying* agrava a posição das vítimas e livra os agressores de exposição e riscos. Analisamos seus componentes (Avilés, 2013a) marcando especificamente quatro áreas de análise: o plano *interpessoal*, o plano *intrapessoal*, o plano *grupal* e o plano *contextual*.

Tabela 2.1. Indicadores para diferenciar *bullying* de outras condutas relacionadas.

INDICADORES DE *BULLYING* EM COMPARAÇÃO COM OUTRAS CONDUTAS RELACIONADAS	INDICADORES DE OUTRAS CONDUTAS RELACIONADAS COM O *BULLYING*	PERSONAGEM A SER OBSERVADO
Intencionalidade	Casualidade	A, V
Humilhação	Derrota	A, V
Rejeição	Aceitação	A, V
Busca	Encontro	A, V
Inibição no grupo	Participação do grupo	Esp
Silêncio na frente de adultos	Verbalização com os adultos	V, Esp
Recorrência	Ocasionalidade	A, V
Superioridade	Inferioridade	A, V
Concentração	Dispersão	A
Vulnerabilidade	Força	V
Paralisação	Resposta	V
Invisibilidade	Visibilidade	A, V, Esp
Gratuito	Provocação	V, Esp
Exculpação	Argumentação	A
Indefensabilidade	Reação	V

- No *plano interpessoal*, aprofunda-se a distância entre o agressor e a vítima em três facetas:
    - O contexto digital aumenta o poder daqueles que agridem, proporcionando-lhes maior distanciamento e mais possibilidades de agredir por trás das telas.

- O grau de insegurança aumenta para aqueles que são agredidos, enquanto diminui para aqueles que agridem, que são muito menos expostos.
- Por outro lado, o grau de controle sobre a situação diminui drasticamente para a vítima, enquanto aumenta consideravelmente para o agressor, se compararmos o contexto digital com o *bullying* presencial.

Isso significa que, do ponto de vista interpessoal, o desequilíbrio na relação de abuso é agravado com o *cyberbullying*.

- O *plano intrapessoal* também mostra efeitos sobre aqueles que estão envolvidos nessas dinâmicas.
  - Nos agressores ocorrem processos significativos, como o aumento da distância emocional, o que amplifica a ausência de *feedback* ao se reduzirem os dados socioemocionais por não ver a vítima frente a frente e não ser possível testemunhar as suas reações. Isso incide diretamente sobre o desenvolvimento de suas ilações e tem efeitos sobre os mecanismos de tomada de decisões adequadas, uma vez que não são mediadas pelas consequências de suas ações.
  - Nas vítimas se produz internamente muito mais confusão, dada a impossibilidade de prever os ataques que recebem, uma vez que podem ocorrer a qualquer momento e em qualquer cenário. Isso causa desorientação e uma sensação de desamparo, pois pode levar a pensar que, aconteça o que acontecer, não será possível evitar esses ataques.
- Um campo igualmente decisivo é *o nível grupal* em que ocorrem processos de pressão:

- O ajuste às normas grupais importantes, condicionado pela pertença ao grupo.
- O sentido de afiliação e sua relação com a identidade grupal.
- O efeito desinibidor por agir em grupo.
- A sensação de menor responsabilidade pelas ações coletivas.

• Finalmente, a análise do *plano contextual* nos apresenta dois componentes importantes no *cyberbullying*, que o diferenciam claramente do *bullying* presencial.

- O fenômeno da audiência ampliada, uma vez que são muitos os espectadores que, através da internet, podem contemplar e se inteirar das agressões. Isso provoca danos significativamente maiores.
- O período mais longo de tempo que as ações de *bullying* têm na rede. Permanecem nela o tempo que aquele que as provoca quiser ou até que uma denúncia as exclua. Isso implica a permanência do sofrimento de modo prolongado.

Em suma, o *bullying* e o *cyberbullying* são lados de uma mesma moeda, mas que mostram componentes diferentes entre eles.

Medir o assédio

Falar sobre a prevalência do *bullying* em sentido categórico não é fácil, e é ainda mais difícil fazê-lo sobre o *cyberbullying*, por uma série de dificuldades e condicionantes apresentadas a seguir.

Condicionantes

Uma das condicionantes que dificultam estabelecer uma prevalência em âmbitos gerais é a que faz referência à própria definição dada ao termo assédio e a delimitação que se faz do fenômeno a ser medido. Nesse sentido, geralmente, são relevantes diversas incidências:

- *Aquelas que se referem ao próprio fenômeno e a seus componentes, e sua relação com outras condutas violentas* (às vezes, as perguntas não se ajustam adequadamente a aspectos de intencionalidade, desequilíbrio de poder ou reincidência ao mensurar o assédio).

- *Aquelas que se referem ao tempo de lembrança* que se coloca aos sujeitos para definir a ocorrência (ou não se questiona ou se realiza em períodos não bem definidos ou adequados).

- *Aquelas que se referem à intensidade da ocorrência* necessária com que o fenômeno é computado como tal e *às condições em que deve se produzir* para ser definido como assédio (não são quantificadas exatamente as agressões, nem a gravidade delas, nem sequer se diferencia o seu tipo).

Outra condicionante relevante é a que faz referência às ferramentas de coleta da informação e sua variabilidade, o que dificulta as comparações e equiparações de prevalência em âmbitos amplos e/ou comuns. Essas diferenças nos instrumentos de medição utilizados, nem todos validados, ocorrem por diversas razões:

- Diferentes metodologias de coleta de informação (autorrelatórios, nomeação de pares, entrevistas, recepção telefônica, matrizes cadastrais, fichas de observação...).

- Instrumentos com propriedades psicométricas desiguais em termos de validade ou de confiabilidade.
- Medição de amostras de populações muito diferentes, dificilmente comparáveis, ou de populações específicas que apresentam perfis particulares (alunos com necessidades educacionais especiais, diferentes etnias, orientação sexual...).
- Por estudar o *bullying* ao lado de outros fenômenos concomitantes ou complementares (consumos, comportamento antissocial, desajuste social ou psicológico...).

Nesse sentido, alguns estudos mostram essas diferenças metodológicas (Smith, Robinson e Marchi, 2016), o que significa que os números de prevalência podem variar, caso se pretenda comparar, qualificar ou generalizar.

Assim, os resultados de muitos estudos oferecem dados bastante díspares sobre a prevalência do *bullying*, dependendo do peso estabelecido para tais condicionantes. Portanto, ao ouvirmos números, devemos estar atentos aos critérios de medição utilizados.

Dito isso, o que realmente interessa a uma comunidade educativa que se propõe a erradicar o assédio de seu entorno são dados concretos e específicos sobre a convivência, identificando os participantes e aqueles que permanecem à margem, mesmo que tomem parte nesse tipo de conduta. Portanto, há algum tempo temos recomendado (Avilés, 2015) que, de forma particular e sistemática, cada ano, cada escola, cada sala de aula pode e deve coletar a prevalência do fenômeno, longe de ajustes metodológicos, com objetivos basicamente funcionais que permitam identificar aqueles que precisam de ajuda e trabalhar preventivamente com os sujeitos para evitar que o *bullying* fique oculto.

Tipologia da violência

Embora vários critérios tenham sido utilizados para a classificação das condutas de assédio (Smith, 2014), os mais comuns têm relação com a gravidade, com a visibilidade e explicitação, com os componentes predominantes das ações e com seu conteúdo.

Este último critério tem sido o mais utilizado em muitos estudos, que classificaram o assédio como:

- *Violência física:* ameaçar com armas (violência física direta), bater (violência física direta), esconder coisas (violência física indireta), quebrar coisas (violência física indireta), roubar coisas (violência física indireta).
- *Violência verbal:* insultar (violência verbal direta), colocar apelidos (violência verbal direta), falar mal de alguém (violência verbal indireta).
- *Exclusão social:* ignorar alguém, impedir alguém de participar de uma atividade, atacar a rede social da vítima.
- *Misto* (físico e verbal): ameaçar a fim de intimidar, forçar a fazer coisas com ameaças (chantagem), assediar sexualmente.

O aspecto psicológico está presente e é agregado em todos eles. No entanto, a tipologia referida aos conteúdos diretos no exercício da agressão deu origem a tipos de *bullying* que indicamos como (Avilés, 2006):

- *Bullying físico:* empurrar, chutar, cutucar, arranhar, bater e outras formas de violência física, ameaçar com objetos, quebrar, rasgar, vandalizar...
- *Bullying verbal:* insultar, humilhar, colocar apelidos, ridicularizar, responder com sarcasmo, espalhar boatos, zombar da pessoa com expressões nocivas...
- *Bullying gestual:* expressões faciais negativas, caretas, posturas corporais desaprovadoras, gestos ligados a outros tipos de *bullying*, como o *sexual*, o *homofóbico* ou o *racista*.
- *Bullying social:* excluir, ignorar alguém, não deixar que alguém participe de uma atividade, atacar a rede social da vítima, atacar sua dignidade e seu *status* social.
- *Bullying racista:* envolve a construção do *bullying* através de componentes agressivos de natureza racista. Os destinatários desse tipo de *bullying* geralmente são pessoas de minorias étnicas. Como racismo não é o mesmo que *bullying* racista, este último integra dois componentes: o agressivo (componente da agressão), constitutivo do *bullying*, e o instrumental (componente racista), para exercer o abuso e evidenciar o domínio de quem se considera superior. No entanto, nem sempre ambos têm de aparecer. Nem sempre o racismo tem de ser o conteúdo da fonte do *bullying*. Pessoas de uma etnia podem ser alvos de *bullying* sem a existência de razões racistas; e, ao contrário, pode haver racismo sem que exista *bullying*.
- *Bullying sexual:* utiliza o conteúdo sexual para exercer o *bullying* sem necessariamente praticar violência sexual, por exemplo, espalhando boatos sobre práticas sexuais de

uma pessoa no grupo, ridicularizando atributos sexuais de uma pessoa, fazendo ou mostrando gestos obscenos, exigindo serviços sexuais, mostrando ou apontando, de modo exibicionista, algumas partes do corpo na direção de outra pessoa com a intenção de intimidá-la etc. O agressor usa todas essas manifestações para causar danos e estabelecer o domínio sobre a vítima.

Essa classificação é aumentada por mais três significados, definidos pelos grupos que o sofrem:

- *Bullying de necessidades educacionais especiais:* alunos com necessidades educacionais especiais mais visíveis têm mais possibilidades do que outros de sofrer violência escolar (Farmer et al., 2012). O *bullying* dirigido aos alunos com necessidades educacionais especiais é o que utiliza tais necessidades ou deficiências para exercer violência reiterada, através de ridicularização, imitação, rejeição, isolamento e agressão, a fim de deixar clara sua superioridade sobre a pessoa com diversidade funcional.
- *Bullying relacionado à orientação sexual assumida ou suposta, ou à identidade sexual:* também chamado de *bullying homofóbico*. Este *bullying* é o que se exerce contra pessoas que declararam expressamente uma orientação sexual minoritária no ambiente escolar, ou contra aqueles a quem essa orientação é atribuída por sua aparência ou conduta. Algumas pesquisas enfatizam que uma alta porcentagem dessas pessoas (80%) são maltratadas por seus colegas (Espelage, Hong, Rao e Thornberg, 2015; Rios, 2018).
- *Cyberbullying:* é o assédio que mais tem aumentado nos últimos tempos (Smith, 2017), *o bullying através da rede*

e de dispositivos móveis, e que, como o próprio nome sugere, ocorre na internet, nas redes sociais, com o uso da tecnologia. Organiza-se contra uma pessoa para prejudicá-la, minando sua rede social ou imagem digital.

Participantes do assédio

Historicamente foi concedido diferente protagonismo àqueles que participam do assédio, até mesmo com diferentes posições, ao determinar a tipologia dos participantes do *bullying* (Olweus, 2017; Ortega e Mora-Merchán, 2000). Mesmo com o surgimento do *cyberbullying*, foram apontadas diferenças estruturais que condicionam a "pureza" de alguns perfis de vítima (Schultze-Krumbholz et al., 2015), pois o meio digital facilitaria sua reação e os colocaria no papel de agressores virtuais.

Nos anos 1970, a atenção recaía principalmente sobre os personagens definidos na dinâmica: o agressor e a vítima (Olweus, 1978).

Como os perfis psicossociais de vítimas e agressores ou o tipo misto que surge da combinação de ambos não são iguais, diferentes pesquisas distinguiram os perfis agressores como seguros, ansiosos ou passivos, e, entre as vítimas, as que eram provocadoras, passivas ou reativas. Essa diversidade aumenta se pensarmos que o tipo *bully/victim* oferece duas faces, de acordo com o perfil que mais predomina em cada indivíduo, como vítima ou agressor (Lereya, Samara e Wolke, 2013).

Observou-se mais tarde que o fenômeno era mais complexo e participativo (Ortega, 1998; Salmivalli, Lagerspetz, Björkqvist,

Österman e Kaukiainen, 1996), identificando perfis puros e mistos, subperfis e, sobretudo, considerando a importância da figura dos alunos espectadores. Assim, as pesquisas finlandesas de Salmivalli et al. (1996) enfatizaram a importância de perfis contemplativos, identificando os espectadores em neutros, defensores das vítimas e reforçadores do agressor.

Do nosso ponto de vista, participam do *bullying* aqueles que exercem intimidação direta ou indiretamente, aqueles que a sofrem direta e indiretamente, e aqueles que a contemplam de qualquer um de seus níveis de envolvimento, porque, pela ação ou omissão, influenciam-na.

É importante considerar as testemunhas e os adultos como parte fundamental do fenômeno por diversas razões (Avilés e Petta, 2018):

- A primeira delas é utilizada pelos próprios alunos. As testemunhas são as que atendem principalmente as vítimas quando acontecem os fatos. Algumas as defendem. Outras legitimam o agressor, quando se calam. E outras agem contra eles, embora em menor proporção.
- Também são as testemunhas os primeiros e os mais numerosos interlocutores a quem se dirigem as vítimas para contar o que está acontecendo com elas, antes mesmo de contar aos pais ou aos professores.
- Inclusive, a participação dos espectadores tem se revelado muito eficaz para resolver muitos casos de *bullying*, com a sua participação em programas de formação para alunos ou nos diferentes Sistemas de Apoios entre Iguais (Avilés, 2017a).

- A importância dos adultos é decisiva. A redução do *bullying*, ou seja, para que ocorra ou não, em até 50% depende de sua presença entre os alunos (Olweus, 2017).

É importante reconhecer o papel das pessoas que observam a violência (alunos e adultos) como parte ativa do processo. Partindo de uma perspectiva sistêmica e ecológica, é necessário ponderar sua presença e intervenção na comunidade educativa, em geral, ao considerar aqueles que participam do *bullying* e ao planejar estratégias que permitam resolver o problema a longo prazo.

Com o surgimento do *cyberbullying*, diferentes pesquisas (Kowalski et al., 2014; Schultze-Krumbholz et al., 2015; Wolke, Lee e Guy, 2017) destacam nesse nível o pequeno grupo de vítimas puras em comparação com perfis mais mistos e sobrepostos de intimidação e vitimização nas mesmas pessoas, favorecidos pelo contexto digital, a desinibição e o anonimato. Outras pesquisas revelam que a grande maioria não se trata de vítimas diferentes (Olweus, 2017) daquelas que seriam assediadas com formas de *bullying* presencial.

Focando exclusivamente no assédio presencial, nomeamos e diferenciamos aqueles que estão envolvidos na dinâmica do *bullying* como participantes "principais" e "secundários", atendendo fundamentalmente, de um lado, à prevalência estatística e, de outro, ao tipo de perfil e à relevância na dinâmica da intimidação. Existem "tipos principais", mais frequentes do que outros e com maior protagonismo na dinâmica, embora a tipologia seja bem variada e seja necessário investigar as motivações que os levam a fazer o que fazem (Rodkin, Espelage e Hanish, 2015).

Com base nessa classificação (Avilés, 2006), algumas das características daqueles que participam *grosso modo* em suas diferentes tipologias são indicadas a seguir.

Aqueles que agridem

- *Perfil direto ou puro.* Realiza suas ações decisivamente e sem hesitação. Quando age, sente satisfação em exercer seu domínio, como possuidor de habilidades cognitivas e controle de situações sociais. Demonstra suas intenções e ações contra as vítimas e é percebido como popular e poderoso (Reijntjes et al., 2016). Tem habilidades sociais e o que lhe falta é empatia para com os outros (Van Noorden, Bukowski, Haselager e Cillessen, 2016).
- *Perfil ambivalente.* É um perfil impopular e disruptivo. Acumula rejeição das pessoas a quem ataca e, ao mesmo tempo, é alvo de agressões de colegas mais fortes do que ele. Trata-se do perfil misto, o agressor habitual que acaba sofrendo vitimização regularmente por seus iguais. Em vista da intervenção, refere-se a um perfil difícil e complexo devido à sua leitura sociocognitiva das situações, que alguns autores qualificam como diferente de outros agressores (Toblin et al., 2005).
- *Perfil acompanhante.* Sua principal característica identificadora é a de ser seguidor e apoiador das agressões de outras pessoas. Costuma fazer parte de agressões em grupo, das quais não participaria se tivesse de assumi-las individualmente.

Aqueles que são maltratados

Aqueles que sofrem as agressões são, geralmente, denominados vítimas. Essa terminologia é importante de se evitar na interação com os alunos, inclusive corrigi-la caso eles a utilizem, porque a linguagem costuma condicionar muitas posições. Não existe um perfil único de vítima com características diferenciadas. Como no caso daqueles que agridem, muitos autores concordam que há um perfil geral que adota diversas variantes. Em geral, a literatura científica aponta para dois tipos de vítimas (Olweus, 1998), uma muito mais receptora aos ataques e outra, de alguma forma, "provocadora deles".

- *Perfil receptivo.* É o mais comum, chamado passivo, e apresenta como característica mais identificável a falta de resposta e a aceitação dos ataques em silêncio. É caracterizado pela falta de reação (Swearer e Hymel, 2015). As vítimas passivas costumam ser pessoas sem rede social nem amizades (Cook et al., 2010), que aparecem isoladas no sociograma. A autoestima é baixa e o comportamento é inibido, ansioso, inseguro e com dificuldades para defender seus direitos.
- *Perfil provocador.* O termo "provocação" não é sinônimo de merecimento do que lhe acontece. Alguns alunos o identificam como provocador pela sua conduta e por, às vezes, forjar situações de forte tensão e desconforto. Deve ser compreendido como desprovido de qualquer sentido culpabilizante e no contexto da análise realizada. Nenhuma vítima é culpada por sua situação, porque nenhuma agressão é justificável.

- *Perfis reativos e agressivos*. São os perfis que reagem ao que lhes acontece e, às vezes, tendem a fazê-lo desproporcionalmente ou numa direção errada, em geral com outros colegas mais fracos do que eles, com objetos ou, inclusive, contra eles mesmos. Também sofrem agressões dos outros e reagem com atos agressivos.
- *Perfil seguro*. Outra tipologia que não é incomum. Em algumas ocasiões, aqueles que agridem escolhem colegas que manifestam muita segurança em si mesmos, são bem-sucedidos e escolarmente brilhantes ou se destacam por determinada habilidade, não se enquadrando nos perfis típicos de vítimas. Seriam, portanto, garotos e garotas com boa capacidade cognitiva e/ou de outro tipo, diferença que o grupo não tolera e da qual se alimenta.

Aqueles que assistem ao que acontece

Costuma ser o restante dos alunos, mas também os professores e os demais adultos que convivem com o grupo de iguais. A atividade ou passividade de todos nós que presenciamos os eventos que provocam aqueles que agridem validará ou deslegitimará sua conduta dentro do grupo. Portanto, o papel das testemunhas é decisivo na manutenção, minimização ou desaparecimento das condutas de intimidação nos grupos de iguais.

Conseguir que os espectadores se comprometam em interromper as situações de *bullying* deve ser um dos principais objetivos de um projeto *antibullying* em uma escola (Avilés, 2015).

As testemunhas

As pesquisas demonstraram que o medo de ser incluído no círculo de vitimização, e também se tornar alvo de agressões, é o que impede que alunos que sentem que deveriam fazer algo o façam.

Nem todos os espectadores reagem da mesma forma à violência de seus iguais. Como nos demais perfis, as atitudes daqueles que observam também se diferenciam:

- *Perfil indiferente.* Trata-se do grupo de alunos que não se importa com o que está acontecendo e o demonstra não dando o menor sinal de reação.
- *Perfil culpabilizado.* É outro tipo que agrupa conotações de medo, temor e culpa. Tem medo daqueles que agridem. Não se atreve a agir por medo de ser o próximo a ser agredido e, ao mesmo tempo, sente-se mal porque, internamente, está convencido e acredita que deveria fazer algo por aqueles que estão sendo vitimizados.
- *Perfil amoral.* São os alunos que reconhecem a força e o poder do agressor e justificam suas ações abusivas sobre aqueles que ele vitimiza.

Espectadores que se decidem

Em uma pesquisa emblemática, Salmivalli et al. (1996) sugeriram uma divisão do grupo de espectadores com base em sua intervenção perante o *bullying* e na direção em que orientavam seu apoio. Assim, esses papéis foram utilizados para classificar aqueles que observavam como reforçadores do agressor, defensores da vítima e indiferentes. Entre estes, enfatizava-se a importância de dois subperfis significativos: aqueles que *apoiavam o agressor*, posicionando-se ativamente a seu favor, incentivando-o; e aqueles que *apoiavam a vítima*, e, mesmo colocando em risco a própria segurança, intervinham para defender a vítima, ajudando-a, colocando-se à frente dela, confrontando aqueles que agrediam e expressando, de alguma forma, sua discordância e oposição aos ataques, às suas ações.

As pessoas adultas

Também os adultos que convivem com os estudantes são testemunhas do que acontece em diferentes posições. Em geral, entre os professores não se alcança eficácia contra o *bullying* por diferentes razões: a capacidade de observar, detectar e poder agir; a oportunidade de estar no local no momento em que a agressão ocorre; e, finalmente, a adequação de nossas ações e gestão da situação no grupo, de forma a não piorar a condição daqueles que pretendemos ajudar. As iniciativas de prevenção e intervenção entre aqueles que convivem com os alunos – como as de treinamento em observação, gestão, supervisão e comunicação de situações de agressão – mostram-se bastante úteis.

Capítulo 3

O que envolve a dinâmica do *bullying*

A dinâmica do *bullying* e seus participantes diretos e indiretos suscitam muitas perguntas. Algumas delas podem se assemelhar a estas: o que faz com que um grupo ou um indivíduo intimide outro sem compaixão, por que a vítima se deixa intimidar sem opor resistência ou por que as testemunhas que a contemplam permanecem impassíveis diante do que acontece sem intervir.

Entender a dinâmica do *bullying* é uma questão complexa e talvez não tenha uma única explicação, mas muitas. As mais conhecidas aprofundaram as explicações sobre as dinâmicas sociais, de estabelecimento de *status* e de rejeição dentro dos grupos de iguais (Mateu, Piqueras, Rivera, Espada e Orgilés, 2014), ou no que se refere ao déficit em educação emocional e habilidades sociais (Polo, León, Fajardo, Felipe e Palacios, 2014). No entanto, pensamos que apenas ser importante não é suficiente. De qualquer forma, nos últimos anos estão sendo estudados e aprofundados os posicionamentos que os sujeitos adotam na dinâmica do *bullying* (Avilés e Petta, 2018;

Tognetta, Avilés e Rosário, 2016; Gini, Pozzoli e Hymel, 2014) e as representações que têm sobre si mesmos e sobre os outros, e que os motivam a agir ou não nessas dinâmicas. Em ambos os casos, identificamos tanto conexões quanto desconexões morais que explicariam algumas de suas posturas.

O problema moral

Uma desconexão moral (Bandura, 1999: 25), dessa forma, seria o mecanismo psicológico que impulsiona os sujeitos que participam ou observam a dinâmica do *bullying* para justificar uma negação do dever moral. Não se trataria de uma resposta menos moral, que apresenta um sujeito com menos capacidade de raciocínio, uma vez que para esse autor "a imoralidade utiliza-se do raciocínio mais sofisticado, mas também do mais simples". Vamos dar um exemplo (tomado de Avilés, 2012: 170).

O caso de Maria

Maria usa óculos, seu rosto é redondo e ela está um pouco acima do peso. Tem dificuldades na aula de educação física. Suas roupas são fora de moda e não lhe caem bem. Embora seja gentil com todos, está sempre falando do que mais gosta: os minerais. Estuda e participa das aulas regularmente, mas, às vezes, por relacionar-se com uma colega ou rir para agradar alguém, distrai-se ou é pega conversando. Se recebe uma bronca, Lúcia, uma colega de sala, alta e magra, com longos cabelos pretos e ar moderno, e o grupo de amigas que sempre a acompanha caem na gargalhada e a chamam de patética.

Aproveitam todas as oportunidades para tirar sarro dela em público, inclusive na sala de aula e na frente da professora.

Maria sofre com esse tipo de atitude, mas não diz nada e sorri, porque deseja ser aceita no grupo de Lúcia, que é a garota mais popular da turma.

No pátio, Maria sempre vai atrás de Lúcia e de suas amigas, que não a deixam participar de suas conversas nem de seus jogos porque a consideram enfadonha. Às vezes, Lúcia e suas amigas lhe dão ordens, que ela se compraz em realizar:

– Diga ao Luís que...
– Vá até a biblioteca e...
– Procure...
– Tire o celular da Sara sem que ela perceba...

Quando retorna com a ordem realizada, todos caem na gargalhada. Ela suporta, em parte dizendo a si mesma que são gozações entre amigas, e, em parte, porque acredita que, se elas não ficarem com raiva, chegará um momento em que será aceita por esse grupo e especialmente por Lúcia.

Parece que Maria está ocupando uma posição de vitimização frequente entre seus iguais, pois alguns a fazem sofrer e ela é sempre a pessoa no grupo de quem riem e zombam. Lúcia lidera essas provocações e existe um grupo de garotas que aplaudem e se divertem com o que acontece. Por fim, parece que os adultos que convivem com elas na sala de aula conhecem a situação, que poderíamos qualificar como problemática e que seria necessário resolver a fim de evitar sofrimento para os envolvidos e para que todos os alunos convivessem adequadamente.

Nesse caso e em outros, aqueles que estão cientes do que acontece dão a si mesmos uma explicação sobre o fato e situam os personagens em um papel ou posição de poder, de reação, de julgamento; em suma, de valor em relação à dinâmica e a seu desenvolvimento. Inclusive, esse julgamento ou tomada de posição também acontece entre os adultos.

Bandura, Caprara, Barbaranelli e Pastorelli (2001) analisaram uma grande quantidade de pesquisas demonstrando a presença de certas formas do que chamaram de "desconexões morais", que, na lógica piagetiana, seriam julgamentos heterônomos, nos quais o sujeito não consegue se colocar no lugar do outro e se comover com a sua dor. Ao invés disso, encontra e se dá explicações, mais ou menos tranquilizadoras, que o exoneram de seu compromisso moral.

Várias pesquisas (Avilés e Petta, 2018; Tognetta, Avilés e Rosário, 2016; Tognetta, Avilés, Rosário e Alonso, 2015) comprovaram que alunos, professores ou famílias procuram autoexonerações para integrar, de forma menos perniciosa em seus argumentos, as explicações que se dão em relação aos episódios de *bullying* com que lidam.

São encontradas até oito grandes formas de como pessoas boas podem fazer coisas maldosas (Bandura, 1999, 2002). Oito posturas de desconexão moral, nas quais os sujeitos mantêm formas de autoproteção, justificativas e autocentrismo que lhes impedem de agir adequadamente:

- minimização dos fatos;
- responsabilização da vítima pelo que lhe acontece;
- justificativa dos fatos por alguma razão superior ou lógica;
- mascaramento dos fatos com outro revestimento;
- avaliação dos fatos como leves diante de situações piores;
- desvio de foco da responsabilidade;

- deslocamento da responsabilidade;
- despersonalização da vítima.

Como pode ser observado na Figura 3.1, uma explicação plausível poderia ser elaborada pelos diferentes participantes e espectadores do caso de Maria, a partir dos argumentos apresentados por cada uma destas perspectivas.

1. Justificação moral
Consideram uma causa digna de um propósito moral ou equivocado da vítima

2. Comparação vantajosa
Comparam o problema a outros ainda mais negativos, mostrando-o como uma vantagem para a vítima

3. Linguagem eufemística
Utilizam uma linguagem que soa menos negativa

4. Culpabilização
Culpam a vítima pelo dano que sofre

5. Minimização
Minimizam, ignoram ou distorcem o impacto dos danos causados

6. Desumanização
Retiram o perfil humano da vítima

7. Dispersão de responsabilidade
Ofuscam a responsabilidade de quem age mal

8. Deslocamento de responsabilidade
Transferem ou desviam a responsabilidade para uma autoridade

Figura 3.1. Formas de desconexão moral perante o *bullying*.

Vejamos:

1. *Justificativa moral:* nesta forma de desconexão, as pessoas consideram alguma causa digna, entre as que controlam, como justificativa do que acontece a quem sofre o *bullying*:

"Na verdade, Maria é muito estranha; ela faz essas coisas mesmo que riam dela, é capaz de se humilhar, desde que a aceitem."

O foco é deslocado e recai sobre a vítima, e a razão (justificativa) é aceitável, pois o comportamento condenado no outro é indigno ou antissocial e diferente do grupo social normalizado.

2. *Comparação vantajosa:* trata-se de usar a imagem do copo meio cheio para elaborar uma breve avaliação dos fatos. É como dizer: "Não reclame que poderia ter sido pior". É um exercício de comparação do problema com outros mais graves, a fim de reduzir o prejuízo ou ofensa sofrida pela vítima:

"Na verdade, Maria não deveria reclamar, afinal, estão deixando que ela faça parte do grupo de amigas. Seria muito pior se a deixassem de lado ou a agredissem fisicamente."

"Em um grupo há espaço para todos, alguns comandam e outros obedecem."

As atitudes adotadas pelo grupo, ou pelos que participam do assédio, são consideradas menos graves em comparação com outras, que poderiam ser piores ou mais violentas.

3. *Linguagem eufemística:* às vezes, o grupo ou as pessoas precisam disfarçar ações cruéis com uma embalagem que as torne menos duras e socialmente mais aceitáveis. Esse disfarce serve, assim, para ocultar atitudes ruins e evitar que transpareçam as reais intenções:

"Foi só uma brincadeira, não sei por que Maria fica assim. Se fizessem isso comigo, eu não reagiria dessa forma..."

"Isso acontece entre amigas, é só uma brincadeira, não sei como Maria pode se preocupar tanto com coisas assim. Nem é tão importante, cada um precisa ser aceito como é..."

"Deve ter sido uma brincadeira, não fariam isso para agredir, às vezes essas coisas acontecem."

A desconexão ocorre para atenuar as reais atitudes e intenções resultantes. Trata-se de uma leitura mais suportável do que de fato acontece, para evitar desconforto.

4. *Culpabilização:* é outra forma de desconexão moral muito frequente, especialmente quando a pessoa que sofre o dano é diferente, irritante ou incômoda. Ou quando faz algo que pode ser-lhe atribuído como causa do seu dano. Dessa forma, a responsabilidade pelo que acontece se localiza irremediavelmente na vítima:

"Veja como ela se veste, como é desleixada, gorda e pouco atraente..."

"Essa Maria é uma chata! Ninguém a suporta! É inconveniente, desajeitada, patética e sem noção..."

Pensar que a vítima merece o que acontece com ela é uma libertação moral para aceitar como lógico o fato e o que lhe ocorre. Então, há uma atribuição direta de culpa sobre ela, pelo que é e pelo que faz. Quando a vítima é agredida há muito tempo, essa atribuição é feita por ela mesma, como explicação do que lhe ocorre.

5. *Minimização:* este mecanismo evita a consideração do problema como algo a ser reparado. Não tem importância. Suas consequências não são suficientemente relevantes, mesmo que causem sofrimento, o que se justifica como um mal menor em vista de maior sucesso. Os fins justificam os meios:

> "São reclamações sem justificativas, afinal Maria faz parte da sala... Vai acabar se acostumando e ocupando o seu lugar."

> "Todos os grupos, em sua dinâmica, têm processos como esse, que ajudam garotas como Maria a serem mais fortes e resolverem seus problemas sozinhas."

> "Bobagem! A vida é uma selva e é preciso aprender a se defender."

A desconexão moral ocorre por não se considerar a situação prejudicial o suficiente para ocupar-se dela. A resposta que se dá a quem participa dessas dinâmicas reveste-a de utilidade social, ou até mesmo de crescimento pessoal para a vítima.

6. *Desumanização:* esta forma de desconexão afasta a pessoa de suas características humanas a fim de torná-la desprezível e, assim, isentar a culpa que a situação transmite aos protagonistas e aos espectadores. Essa desconexão moral é uma das mais típicas entre aqueles que agridem para justificar o que fazem:

"Maria é esquisita. Não é normal, ela incomoda o grupo... Ela merece o que lhe acontece..."

"Gorda e malvestida; Maria parece uma baleia, uma vaca; vamos levá-la ao campo para que se alimente!"

Desvaloriza-se a pessoa, por ser e agir de modo impróprio. Os grupos muitas vezes impõem códigos normativos de conduta que servem para alinhar seus membros e suas ações, e que alimentam o pertencimento ao coletivo. A diversidade e as diferenças são penalizadas especialmente em pessoas frágeis e dependentes, fora do cânone humano e sem mecanismos de autodefesa e autoafirmação.

7. *Dispersão de responsabilidade:* aqueles que utilizam este mecanismo de desconexão acreditam que suas ações emergem de imposições sociais ou de tradições ou preceitos culturais ou grupais, o que lhes permite exonerar-se de sua responsabilidade:

    "Ah! Todo mundo faz isso, sempre acontece com pessoas como Maria..."

    "Todos fazem isso, mas é que Maria é muito estranha, e pessoas assim acabam sendo afastadas..."

    "Maria não tem jeito, tem sempre alguém que não se adapta ao grupo, e é isso o que acontece com ela..."

- A responsabilidade pelo que acontece é diluída no ambiente, a atribuição não se define e/ou é colocada na tradição, no costume ou na convenção social. Fenômenos como trotes com os novatos utilizam essa desconexão moral para se manter e se sustentar.

8. *Deslocamento de responsabilidade:* a atribuição de responsabilidade neste mecanismo é deslocada para algo ou alguém em posição de superioridade que o comanda ou o justifica. Aqueles que acompanham as agressões geralmente usam aquele que as lidera como justificativa, deslocando, assim, a sua responsabilidade:

"É que somos amigas da Lúcia, fazemos o que ela nos pede."

"Ah! Foi Lúcia quem me pediu, ela não gosta da Maria, e juntas nos divertimos."

Essa desconexão moral deixa claro que a intenção de prejudicar não é da pessoa que age, mas de outros que a comandam, a lideram e que têm ascendência e autoridade sobre aqueles que agem.

Daí a importância das percepções e atribuições feitas por aqueles que participam do *bullying* para entender a sua dinâmica. Por essa razão, é necessário enfatizar a prevenção e a intervenção na abordagem dessas concepções, tanto nas vítimas quanto nos agressores ou testemunhas.

O objetivo educacional deve ser direcionado a modificar esse tipo de visão e as posições morais daqueles que participam do *bullying*, se quisermos realmente modificar as dinâmicas de convivência relacional no grupo de iguais. Nesse sentido, seria possível estabelecer o aprendizado de habilidades sociais politicamente corretas sem mudar as convicções profundas e decisivas que seus membros têm sobre aqueles que são diferentes ou frágeis. Mas isso não parece ser correto e desejável.

Por essa razão, o acompanhamento do desenvolvimento moral dos alunos deve ser o principal objetivo de qualquer intervenção educativa que pretenda erradicar o abuso das relações interpessoais nos grupos de convivência.

O alcance das consequências

Como outros tipos de violência mantida durante muito tempo, o *bullying* opera em silêncio sobre seus participantes e nos cenários em que acontece. Não deixa ninguém ileso. Gostemos ou não, traz consequências, que se concretizam em rejeição social, transtornos psicológicos, depressão e ideias suicidas para as vítimas, passando pela condenação por assédio e outras de caráter criminal para aqueles que agridem, e pela deformação moral para aqueles que testemunham a agressão sem agir. Pesquisas recentes associam sua ocorrência ao desequilíbrio social e psicológico, isolamento, baixa autoestima, depressão, ansiedade, raiva, evasão escolar, baixo desempenho acadêmico e suicídio (Slee e Skrzypiec, 2016).

Portanto, sofrer *bullying* sistematicamente, exercê-lo regularmente ou testemunhá-lo e acostumar-se com a sua ocorrência geram consequências negativas para as pessoas envolvidas nisso. Efeitos evidenciados em diferentes pesquisas longitudinais (Haavet, Straand, Hjortdahl e Saugstad, 2005), infelizmente, foram os *bullycídios*, ocorridos em muitos países, que colocaram frontalmente em questão algumas crenças bastante difundidas socialmente, que vinham minimizando as suas consequências.

Para aqueles que sofrem o assédio

Entre aqueles que se reconhecem como alunos vitimizados, 13,2% admitem que o sofreram ao longo de toda a sua escolarização; 20,4% durante todo um período; e 29,6% durante meses: a duração do *bullying* evidencia as consequências da violência sobre as vítimas. Essa persistência cobra o seu preço.

Suportá-lo por muito tempo torna as pessoas inseguras e faz com que internalizem o desequilíbrio e a perversão que o abuso pressupõe, agressão que experimentam de forma bastante continuada. Medo e fobia de ir à escola, insegurança, ansiedade antecipatória e estresse, nervosismo, fracasso escolar, desânimo, depressão e até mesmo ideação suicida são algumas das manifestações sofridas pelas vítimas do *bullying* e que vão além do período de escolaridade (Takizawa, Maughan e Arseneault, 2014). Muitos estudos (McDougall e Vaillancourt, 2015) vinculam as consequências da vitimização a outros problemas durante a vida adulta. São os efeitos da latência do *bullying* não resolvido.

Essa latência e o acúmulo progressivo de experiências de agressão, que em sua maioria não aparecem, protegidas pelo silêncio tácito de todos, sufocam as vítimas, que precisam de uma saída.

O sofrimento das vítimas não ocorre só no momento dos ataques dos agressores, mas é vivido continuamente. Inclusive, algumas delas foram identificadas como vítimas também no próprio lar, onde, embora características de superproteção tenham sido descritas por algumas (vítimas passivas), também apresentam padrões de abuso e/ou negligência sobre outras, como nas *bully-victims* (Lereya, Samara e Wolke, 2013). Somente quando a situação é insuportável, ou há traços físicos que não podem ser escondidos por mais tempo, é que geralmente se fala sobre o tema.

Impacto emocional

A imagem de si mesma que a vítima vai acumulando, ataque após ataque, é devastadora. Sua autoimagem pode chegar a ser tão negativa, física, social e academicamente, que implica efeitos claramente negativos sobre a sua autoestima e equilíbrio emocional, levando inclusive à depressão (Baron-Cohen, 2003; Schwartz et al., 2005).

Embora existam muitos estudos que relacionem a vitimização a baixos níveis de autoestima (Garaigordobil, Martínez-Valderrey e Aliri, 2013), a questão estabelecida é se é a baixa autoestima que predispõe à vitimização, ou se é a vitimização repetida que reduz os níveis de autoestima de quem sofre as agressões. Tratar-se-ia de uma influência bidirecional e dividida em âmbitos. As vítimas tendem a ter autoestima familiar e acadêmica alta, mas a autoestima social e emocional prejudicada (Estévez, Martínez e Musitu, 2006).

Ansiedade

É outra das consequências de uma situação continuada de assédio. Sem dúvida, sofrer *bullying* pressupõe enfrentar uma situação de estresse, uma vez que o ambiente e aqueles que nele agem com hostilidade impõem para aquele que sofre uma demanda emocional continuada que, mantida ao longo do tempo, causa uma severa ansiedade (Juvonen e Graham, 2014) e, na maioria dos casos, geralmente evidencia uma incapacidade para o confronto. Não é por acaso que aquele que sofre não consegue sair dessa situação sozinho.

Por outro lado, é verdade que as maneiras de enfrentar os problemas por parte daqueles que sofrem não são as mesmas em todos os casos. Às vezes eles apresentam consequências leves, mas, em geral e em proporção significativa, os sintomas são graves, incluindo seu desempenho acadêmico (Totura, Karver e Gesten, 2014). Um dos objetivos daqueles que assediam pessoal e digitalmente é a ruptura do círculo social da vítima. Sendo a perda das relações sociais e de amizade um dos maiores fatores de estresse, ela acaba se conformando, após os processos de difamação, exclusão, invisibilização ou propagação de falsos boatos. É o que se conhece como *bullying social*.

Status e rede social

Sofrer agressões diariamente por muito tempo, sem dúvida, acaba proporcionando à vítima uma imagem inequívoca de como é vista por seus colegas e alimenta nela essa imagem de fracassada, excluída e estranha. Isso marcará suas relações sociais na escola e fora dela, especialmente se a vitimização persistir por muito tempo. Essa visão favorece sua autoculpabilização como um mecanismo explicativo de desconexão moral (Tognetta, Avilés e Rosário, 2016). Outros estudos demonstram que a vitimização na escola acaba influenciando as relações sociais estabelecidas por aqueles que a sofrem, especialmente quando isso lhes acontece continuamente (Buelga, Cava e Musitu, 2012).

Autoeficácia escolar

As vítimas já se esforçam suficientemente não só para se manter a salvo como também para alcançar sucesso nas demandas acadêmicas. Embora seja verdade que algumas vítimas sofrem rejeição na sala de aula por sua condição de brilhantismo, e que isso pode enfatizar ainda mais esse papel, aumentando, assim, a sua autoeficácia acadêmica, a verdade é que não são a maioria. Em geral, costumam desenvolver fobia da escola e tendência a se ausentar da sala de aula. Os estudos apontam uma correlação negativa entre sofrer assédio e autoeficácia social, acadêmica e emocional (Baron-Cohen, 2003; Schwartz et al., 2005). Isso implica que, à medida que o comportamento do *bullying* aumenta, diminui a crença dos sujeitos em sua capacidade de organizar e executar ações que conduzam a resultados bem-sucedidos nessas três vertentes.

Estado de ânimo

Muitos estudos indicam que há uma relação entre depressão e vitimização (Sandoval, Vilela, Mejia e Caballero, 2018). Já as *pesquisas longitudinais* de Olweus (1993) ligavam a condição de vítima em idade escolar com algumas tendências depressivas na idade adulta. Essa relação com a depressão se repete novamente em *estudos retrospectivos* sobre indivíduos fortemente vitimizados e outros circunscritos a grupos específicos como o LGBT

(Marchueta, 2014). Outros *estudos escolares empíricos* também encontram essa tendência em adolescentes (Kaltiala-Heino et al., 1999), inclusive a ideação suicida (Díaz-Atienza, Prados e Ruiz-Veguilla, 2004; Holt et al., 2015).

Suicídio

Parece haver uma tendência de relacionar o *bullying* persistente com o suicídio. Alguns casos de "*bullycídio*" salientam essa relação. A longa duração do abuso, em alguns casos durante todo o período escolar, e a falta de apoio e resposta ajudam a entender as reações daqueles que buscam esse tipo de saída. O suicídio seria a consequência mais grave do *bullying*, que, às vezes, está relacionado com esses fatos direta ou indiretamente. Diferenciando a ação de se suicidar com o fato de ter ideias suicidas, neste último sentido é clara a relação entre vitimização e ideação suicida (Sandoval, Vilela, Mejia e Caballero, 2018).

Para aqueles que agridem

A relação de domínio-submissão em quem exerce o abuso implica também consequências psicológicas, físicas e sociais de estabilização de um esquema perverso de relação interpessoal. É um esquema no qual falta equilíbrio e respeito aos direitos de outras pessoas como elemento regulador das relações. Ocorre uma distorção, especialmente quando esse esquema se normaliza, como uma forma de alcançar os objetivos sociais e de relação de poder nas relações interpessoais. Costuma-se utilizar mecanismos de desconexão moral próprios dessa posição, como, por exemplo, a culpabilização das vítimas e sua desumanização (Avilés e Petta, 2018), para se exonerar da responsabilidade e da culpabilidade.

Comportamento antissocial

Ao contrário do que se poderia pensar, também os agressores sofrem consequências indesejadas, e o exercício do assédio pode envolver o aprendizado de objetivos que desdenhem do que é moral e legalmente aceitável. Além disso, trata-se de uma prática frequente (Garaigordobil, 2017), que não costuma ser penalizada, se prestarmos atenção aos resultados de algumas pesquisas (Avilés, 2002). Os próprios agressores reconhecem que o abuso não tem repercussões para eles porque, em uma proporção bem alta, não recebem recriminação social do grupo (Buelga, Cava e Musitu, 2012), nem penalização disciplinar da parte dos adultos que convivem com eles.

Estudos longitudinais (Olweus, 1998: 55) demonstram que 60% dos indivíduos identificados como agressores na escola acabam tendo algum problema em sua relação com a lei na juventude (quatro vezes mais do que aqueles que não são identificados nessa condição).

Padrão relacional

Aqueles que agridem por não serem socialmente penalizados conseguem reforçar suas ações, que podem utilizar como elementos de gestão de suas relações sociais. Foram descritas algumas vias:
- *Como forma de serem socialmente valorizados:* alguns não têm nenhum outro mérito no grupo, a não ser o da

agressão sobre os demais, diante de seus parcos sucessos acadêmicos ou suas escassas competências pessoais.

- *Para obter status e poder dentro do grupo:* aprendem a agir mais por meio e/ou acompanhados de seus seguidores, regulando, assim, seu poder e *status* no grupo.
- *Como hábito em seu repertório social:* o comportamento agressivo pode normalizar-se como um padrão comportamental de relação interpessoal, aprendido como forma de estabelecer vínculos sociais.

Condutas de risco e absentismo

Essas condutas não são exclusivas de um único perfil. Há diversas manifestações de risco relacionadas à participação em situações de assédio entre aqueles que estão envolvidos. Algumas afetam prevalentemente as vítimas e outras se manifestam mais naqueles que agridem.

As vítimas, em muitos casos, costumam considerar o contexto escolar como um espaço a ser evitado para não sofrer o assédio, o que as leva a acumular ausências escolares e problemas de desempenho escolar, com a consequente desconexão das dinâmicas de hábitos regulares de trabalho e currículo. Em outros casos, sua reação à situação de vitimização que vivem está associada a condutas de evasão e incapacidade de enfrentamento, o que as aproxima do uso de substâncias, como um trampolim evasivo. Essa vulnerabilidade, que as torna um alvo fácil de discriminação e exclusão, faz com que, por vezes, essas agressões físicas, e mesmo sexuais, as coloquem no caminho da prática do uso de drogas (Trahtemberg, 2009; Romaní e Gutiérrez, 2010).

Por outro lado, os agressores também rejeitam a instituição escolar, sua organização e seus conteúdos. É uma extensão da falta de respeito às normas de convivência. O absentismo escolar seria, de certa forma, uma resposta à sua desconexão do currículo, o que acontece em muitos casos, e, ainda, uma resposta lógica às práticas de intervenção punitivas, que utilizam a suspensão das aulas e a expulsão da escola como única medida para afastá-los das situações das quais participam.

Além disso, a prática de condutas antissociais como brigas, dirigir sob influência de álcool, detenção, fugas de casa ou consequências disciplinares escolares, como a expulsão, foram definidas como associadas ao papel de agressor no *bullying* (Cerezo Méndez, 2013). Da mesma forma, essas atitudes antissociais são protagonizadas principalmente por homens que agridem em situações de *bullying*, os quais, por sua vez, têm maior contato com as drogas (Romera, del Rey e Ortega, 2011). Essa relação entre *bullying* e consumo de substâncias psicoativas foi comprovada em contextos de pesquisas europeias (Kaltiala-Heino, Rimpela, Rantanen e Rimpela, 2000) e americanas (Córdova, Ramón, Jiménez e Cruz, 2012).

Quanto à presença de consumo de álcool entre os participantes do *bullying*, algumas pesquisas concedem-lhe uma participação indireta nas brigas e ataques protagonizados pelos agressores (Kuntsche, Knibbe, Engels e Gmel, 2007), sendo melhores indicadores de outras condutas problemáticas. No entanto, outras pesquisas (Peleg-Oren, Cardenas, Comerford e Galea, 2010) identificam o consumo de álcool em um quinto dos agressores. Portanto, a avaliação precoce dos comportamentos de assédio também poderia contribuir para a melhoria dos programas de prevenção do consumo de álcool entre jovens adolescentes.

Para as testemunhas

Como espectadores do abuso, a postura adotada não resulta indiferente, uma vez que a própria agressão exige um posicionamento de caráter moral diante dos fatos. Como salientaremos mais adiante, a dinâmica do *bullying* põe aqueles que o observam diante da necessidade de dar uma resposta, seja interna ou externamente aos fatos. Internamente, foram descritas leituras que os sujeitos costumam fazer dos fatos (Bandura, 1999; Bandura, Caprara, Barbaranelli e Pastorelli, 2001; Tognetta, Avilés e Rosário, 2016), que os incentivam a agir ou se inibir, mas, de qualquer forma, a interiorizar uma explicação e atribuir razões para o que acontece e seu porquê. Em função do tipo de explicação, os espectadores costumam desenhar perfis diferentes descritos em sua dinâmica social (Yang e Salmivalli, 2013). No entanto, a cultura escolar e o trabalho dos adultos e seus iguais na escola decantam e minimizam decisivamente o impacto disso.

Nesse sentido, temos utilizado a cultura escolar de ajuda entre iguais (Avilés, 2018b), através dos Sistemas de Apoio entre Iguais (Avilés, 2017a), para melhorar não apenas a vida das vítimas, mas também para conscientizar ainda mais sobre alguns tipos de abuso, como o social, tornar predominante um discurso escolar diferente ou tornar os agressores mais conscientes do que praticam e do perfil moral de suas ações (Avilés e Petta, 2018).

Quando isso não acontece nas escolas e não há estruturas disponíveis para essas ações, as reações mais frequentes que costumam acompanhar a conduta das testemunhas dividem-se em atitudes de indiferença e culpabilização – a minoria; a continuidade das agressões; e em outro grupo a ajuda e o envolvimento.

Estas últimas atitudes são as que estão por trás de ideias como aproveitar os alunos que estão dispostos a intervir ou que estão convencidos de que devem fazê-lo, porque a cultura de convivência promovida na escola favorece isso, para melhorar as respostas organizadas ao *bullying* no grupo de iguais. É essencial promover estruturas como equipes de ajuda (Avilés, 2017a) ou a *cybermentoria* (Avilés, 2018a) para realizar essa tarefa. Nesse sentido, aproveitar e organizar os alunos através de um dos Sistemas de Apoio entre Iguais, bem como estruturas de apoio que os adultos facilitam na escola, costuma ser uma estratégia muito boa para combater o *bullying* e envolver as testemunhas em sua decisão (Avilés, 2018b; Avilés e Petta, 2018).

Quando isso não acontece e o ambiente e o discurso predominantes na cultura escolar consistem no silêncio e na dinâmica de imposição do mais forte sobre o mais fraco, o assédio se estabiliza e as suas consequências tornam-se visíveis sobre as testemunhas. É possível vislumbrar alguns efeitos que podem ser desencadeados entre aqueles que geralmente convivem com tais situações: dessensibilização, incompreensão, desamparo e até ansiedade e sentimento de culpa (Cowie e Myers, 2017).

Capítulo 4

A intervenção

A abordagem do *bullying* em sua realidade enfrenta importantes desafios que, espera-se, permitam decisões educativas e tomada de atitudes nas comunidades educacionais, que encaminhem de forma acertada a sua prevenção e intervenção no cotidiano das escolas. Alguns de seus desafios tornam necessário trabalhar em questões específicas.

Definição

O desafio da definição envolve avançar na comunidade educacional para concordar com algo que parece tão simples quanto saber o que é o *bullying*, o que não é e o que pode vir a ser. Isso sugere incorporar todas as percepções que os diferentes setores têm sobre o fenômeno nos casos concretos. O modo como os alunos lidam com a situação muitas vezes não coincide com a visão dos adultos (professores e famílias) quando os casos são julgados. Da mesma forma, entre os adultos tampouco incorporamos consensos claros sobre o tema.

Talvez devêssemos perguntar-nos quais fóruns e momentos estão disponíveis nas comunidades educacionais para debater e compartilhar as percepções que as famílias e os professores têm sobre os componentes do *bullying* ou do *cyberbullying*. Que trabalho fizemos juntos. Que decisões compartilhamos e assentamos nos documentos, protocolos e instrumentos institucionais que nos ajudam a administrar os casos nas escolas.

Nesse sentido, fornecer espaços de debate sobre os componentes básicos e complementares do *bullying* (Avilés, 2015) pode ser uma estratégia muito boa para trazer à tona conceitos e atitudes que os membros da comunidade educacional têm sobre o fenômeno, a fim de chegar a acordos e consenso sobre a sua definição.

Esse debate pode nos ajudar a diferenciar construtos, tão diferentes em relação à intervenção, como conflito *versus* abuso, a fim de alcançar e esclarecer estratégias eficazes que permitam erradicar o *bullying* assim que surja ou empregar estratégias como a mediação para resolver os casos de conflitos quando estes forem, de fato, conflitos.

Porque essa definição de casos também permitirá um melhor alinhamento da intervenção e tornará seu processo mais eficaz, ao tratar os fatos pelo que são, bem como respeitará todas as pessoas envolvidas neles, com base em sua participação e atitudes. Possibilita envolvê-los melhor em sua resolução e aumentar desse modo seu grau de envolvimento.

Sobre a sua magnitude

Embora a questão da prevalência do *bullying* e seus números seja um problema condicionado pelos instrumentos utilizados para medi-lo, como são construídos e que informações coletam e como o realizam, é também importante que cada escola considere necessário saber o que e o quanto isso está acontecendo de fato em seu interior. Usar ferramentas de diagnóstico periodicamente é saudável. Possuir essa informação da parte da comunidade educacional em geral, e particularmente da equipe docente, supõe começar com uma linha de base a partir da qual construir a intervenção.

Em geral, essa necessidade deve ser traduzida em decisões de avaliação habitual nos grupos de iguais pouco depois de começar a convivência entre eles. Dois meses depois do início do ano letivo é um bom momento para, sistematicamente, ir medindo o clima de convivência e o nível de assédio que ocorre dentro dos grupos.

É verdade que existem muitos instrumentos, e nem todos são iguais. Há alguns *parâmetros* que talvez necessitem ser tratados.

- A identidade da pessoa que fornece as informações deve ser salvaguardada, garantindo níveis suficientes de confidencialidade, não necessariamente de anonimato, porque, caso contrário, limitamos a intervenção e a ajuda àqueles que precisam.
- A quantidade de fontes das quais as informações se originam deve ser enriquecida. As autoavaliações fornecem informações importantes das vivências das pessoas, mas as heteroavaliações garantem que todos os membros do grupo opinem sobre o que acontece, o que proporciona mais objetividade a respeito do que ocorre.

- Informações devem ser coletadas de todos os setores da comunidade educacional, e trianguladas a partir dos alunos, das famílias e dos professores.
- Os instrumentos devem estabelecer critérios claros de identificação do *bullying*. Perguntar sobre o desequilíbrio de poder, sobre a intencionalidade das situações e pela recorrência dos fatos. Além disso, deve ser estabelecido o tempo da memória. É inútil perguntar: "Você já foi maltratado alguma vez na escola?", porque qualquer um pode ter passado por essa situação em algum momento. A essa pergunta seria necessário acrescentar outras, por exemplo: "Quantas vezes? Desde quando? De que forma?".
- A informação da avaliação há de ser utilizada com bom senso, a fim de construir soluções e não para manipular ou para gerar reclamações ou conflito. Trata-se de ser útil para que aquele que a possui encontre formas de solucionar o que for constatado como ocorrência.

Interiorizar e normalizar a pauta da avaliação de situações de assédio ou *cyberbullying* no cotidiano são indicadores de positividade na gestão da convivência, porque elas podem acontecer em qualquer escola e passar despercebidas se nada for feito.

Sobre a abordagem a ser adotada

Este é outro desafio. Trata-se de responder à questão do *para que* se deseja intervir ou realizar a prevenção do *bullying*. O que se pretende alcançar. As respostas a essa pergunta podem ser de diferentes tipos e afetar a mais ou a menos participantes nos casos de *bullying*. Não é a mesma coisa tratar apenas de proteger a vítima, punindo os agressores, ou envolvê-los nas dinâmicas da resolução propondo-lhes compromissos de solução. Contar com os espectadores das situações para resolvê-las não requer os mesmos passos do que deixá-los de lado. Buscar a restauração das relações interpessoais entre aqueles que estão envolvidos não conduz às mesmas dinâmicas do que partilhar punições e responsabilidades de acordo com a norma.

Nesse sentido, encontramos alguns modelos mais restauradores e outros mais punitivos e partidários de aplicação de normas disciplinares, quaisquer que sejam as situações e suas circunstâncias.

Desse ponto de vista, as soluções que surgem para o abuso devem ser equilibradas para aqueles que estão envolvidos nele. A instituição escolar também não deve atuar como algoz sobre os autores do *bullying*, por mais sérios que sejam os fatos, porque continuam sendo menores de idade, em condição de necessidade de aprendizado do respeito, de outras formas de relacionamento mais civilizadas e justas, de valores que permitam formá-los como cidadãos e cidadãs capazes de internalizar diretrizes de convivência democrática para uma futura sociedade que deles necessitará.

Portanto, o *status* que concedemos aos agressores nas buscas de soluções do *bullying* será fundamental para determinar compromissos e preocupações compartilhados por eles na busca de reparações. Para isso, é necessário atraí-los para o terreno da preocupação e do compromisso. Essas são as propostas de métodos como o *Pikas* (Pikas, 1989) ou o Método da Não Inculpação (Maines e Robinson, 1998). Neles, não se atribui culpa nem se condena com antecedência os sujeitos, mas lhes é dada a oportunidade de se envolverem na solução, fazendo duas coisas importantes para o processo: de um lado, o reconhecimento dos danos causados, e, de outro, o exercício da reparação para a vítima.

Naturalmente, esses procedimentos devem contar com a disponibilidade daqueles que se sentem afetados. São processos aos quais se deve chegar livremente, embora possam ver-se forçados a fazê-lo, dada a iminência dos códigos disciplinares. Mesmo assim, é benéfico para o procedimento que aqueles que o procuram sintam a necessidade de mergulhar nele como uma fórmula para resolver as próprias situações pessoais das quais participaram. Serão os primeiros passos para iniciar processos de restauração[1] das relações interpessoais prejudicadas e rompidas (Hansberry, 2016). A parte que violou a convivência deve reconhecer o fato e mostrar interesse em corrigi-lo de alguma forma.

Trata-se, em suma, de fechar o círculo da restauração das relações estabelecendo códigos de respeito entre as partes.

---

[1] Indica-se que o conceito de práticas restauradoras não faça referência à noção de justiça retributiva nem aos seus mecanismos de solução.

Sobre a própria intervenção

Certamente, de um ponto de vista educacional, pretende-se reconstruir as relações entre aqueles que agrediram e aqueles que foram maltratados, como mostrado na Figura 4.1. Não se pretende que voltem a ser amigos. Trata-se de que exista e se estabeleça entre eles um código de respeito em que os valores dos direitos humanos sejam respeitados e observados por aqueles que convivem com eles.

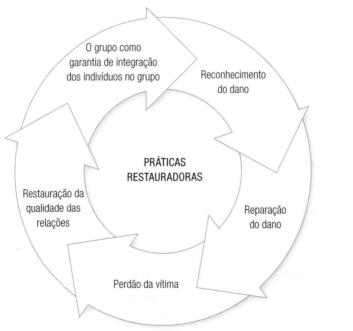

Figura 4.1. Círculo restaurador de relações interpessoais.

No entanto, o fechamento desse círculo restaurador não estará completo nem poderá ser iniciado se aqueles que supervisionam essas situações, os agentes educacionais (famílias, professores e alunos), não julgarem ter as condições necessárias para iniciar o processo indicado no parágrafo anterior, que descrevia o que os agressores devem apresentar. Os agentes educacionais que convivem com os atores do abuso devem certificar-se previamente se as condições da situação, as atitudes e a disposição dos participantes são idôneas e adequadas para iniciar um processo assim, ou seja, um círculo de restauração das relações. Somente quando existirem tais condições o processo deve ser iniciado, nunca antes.

No caso de existirem tais condições e de aqueles que estão envolvidos na situação de *bullying*, especialmente os agressores, terem mostrado boa vontade, disposição de compromisso, uma mudança de atitude observada pelas testemunhas, reconhecendo os danos produzidos e mostrando desejo de fazer algo para reparar os danos em favor da vítima, então se pode iniciar um dos processos mais difíceis nesse círculo de restauração das relações, que é o que se deve realizar com a vítima.

Deve-se dar à vítima garantias de que o processo é sério, que não se trata de uma farsa, que existem condições confiáveis para construir a reparação e a restauração. Porque será pedido a ela que conceda o perdão quando isso acontecer.

Esse é um dos trabalhos mais árduos e difíceis do processo, no qual devem ser dados passos dolorosos de superação das situações, olhando para a frente, sem esquecer, mas sim perdoando, e isso não é fácil nem rápido. Especialmente no caso de o *bullying* ter durado muito tempo ou de a vítima ter sofrido demais.

Nesse caso, é melhor recorrer a outros procedimentos, uma vez que o prognóstico de sucesso através desse processo não é grande e há o risco de mais sofrimento, o que não é desejável de modo algum. No entanto, em outros casos é um percurso possível, ainda que difícil, e necessário caso se queira reconstruir a relação. Insistimos: reconstruir as relações somente se forem baseadas no respeito, mas não além nem com mais obrigações ou compromissos, e independentemente de como forem realizados os processos disciplinares na escola.

Dessa forma, o procedimento não deixa ninguém à margem. O processo concede a todos os participantes do *bullying* algum requisito ou exigência. Para aqueles que agridem, o reconhecimento do dano e sua reparação; para aqueles que são feridos, a concessão do perdão quando houver condições para isso. Mas também as testemunhas são colocadas em posição de destaque ao ser-lhes concedida nem mais nem menos do que a observância das garantias para iniciar o processo e a ratificação e a certeza da interrupção do assédio, como precaução para dar legitimidade e credibilidade ao estabelecimento do código de respeito nas relações entre aqueles que agrediram e aqueles que foram maltratados.

Assim, todos os atores estarão envolvidos em uma resolução comprometida, supervisionada e que a qualquer momento pode ser retomada em cada uma de suas etapas, se for observado ou verificado que qualquer uma das partes se desvinculou de seus compromissos.

Diretrizes gerais de intervenção

Como o tratamento do *bullying* e do *cyberbullying* não é algo simples, não é fácil definir diretrizes que sirvam em todos os casos, já que cada um apresenta uma particularidade. No entanto, as várias décadas de luta contra o *bullying* revelam algumas constantes que costumam repetir-se como elementos de garantia quando se aborda o fenômeno. Por isso, é necessário considerá-las e implementá-las para orientar as ações com base em planos múltiplos e compartilhados, uma vez que a abordagem deve ser feita a partir do envolvimento e da participação comum. Apontamos algumas diretrizes significativas a seguir: na comunidade educacional, na escola, no grupo de convivência e no âmbito individual.

Na comunidade educacional

É preciso enfatizar a necessidade de a comunidade educacional estar plenamente envolvida no trabalho. Além do corpo docente, das famílias e dos próprios alunos, existem outras instâncias que são indispensáveis para possibilitar a abordagem.

A administração pública e sua responsabilidade

É necessário empreender campanhas de sensibilização e conscientização sobre o fenômeno, sobre sua relevância educacional, que conscientizem toda a sociedade da sua importância. É preciso dar capacitação e treinamento a todos os setores da comunidade educacional em seus diferentes âmbitos e níveis, promovendo palestras para as famílias, cursos de formação, treinamento para o corpo docente e outros agentes educacionais envolvidos na escola.

Além disso, devem avaliar de tempos em tempos o fenômeno e sua evolução em função de diferentes variáveis, às vezes, conjunturais ou culturais. Porque têm possibilidades, devem promover a implementação de programas eficazes e propostas inovadoras para enfrentar o fenômeno em colaboração com outras instâncias, como grupos de pesquisa ou universidades.

Outra de suas obrigações é a implementação de marcos regulatórios necessários que facilitem a abordagem do assédio, bem como a construção de protocolos de ação no contexto de direitos e deveres dos alunos e dos regulamentos das escolas.

Por se tratar de situações que, em certas ocasiões, podem conduzir a cenários graves e prejudiciais, a administração pública também deve fornecer uma resposta jurídica que proteja menores e ampare aqueles que convivem e trabalham com e por eles. Deve fornecer às comunidades recursos humanos, preventivos e de intervenção suficientes para garantir que as ações realizadas sejam bem-sucedidas. Finalmente, deve assegurar o monitoramento e a avaliação sobre a eficácia dos programas que forem colocados em prática, ajudando a difundir e divulgar os mais eficazes.

A inspeção escolar

As responsabilidades do serviço de inspeção escolar, vinculado à superintendência regional de ensino, vão muito além da fiscalização. Algumas delas são: facilitar a tarefa organizacional nas escolas que oferecem respostas inovadoras e apropriadas aos problemas de convivência; propor e apoiar medidas para melhorar a convivência, evitando modelos exclusivamente punitivos, impositivos e controladores; arbitrar medidas conciliatórias em situações de assédio e indicar soluções dignas para as partes envolvidas; comprometer-se com o plano pedagógico e de convivência das escolas, nos quais também são atribuídas tarefas.

Para isso, seria preciso reduzir o número de escolas atendidas; facilitar o estabelecimento de mecanismos de entendimento entre os setores da comunidade educacional, quando isso não ocorrer; facilitar as mudanças organizacionais e de recursos necessárias para a abordagem de determinadas situações de assédio entre iguais; finalmente, manter a escola sempre informada sobre a situação dos casos denunciados ou em processo judicial.

Os Centros de Formação de Professores e seu trabalho inovador

Sem dúvida, também são fundamentais nessa tarefa. É necessária a formação e a reflexão nas próprias escolas sobre os casos que surgem nelas. Estabelecer seminários e grupos de trabalho intersetoriais, encontrando propostas amparadas por famílias, professores e alunos. Promover cursos específicos, estratégias e treinamentos pontuais para a capacitação de professores e famílias, através da intervenção de técnicos e especialistas. Prover apoio de pessoas experientes, na sala de aula, acompanhando e treinando os professores em suas intervenções. Devem organizar ações de sensibilização e socialização na comunidade educacional e no contexto social da escola; ações socioeducativas são necessárias. Também ações de apoio à pesquisa, suporte e apoio às iniciativas das escolas em colaboração com universidades.

A administração local e seu apoio para além da escola

Tem um importante papel de facilitação de iniciativas. Por exemplo, o fomento de clubes, associações e organizações que apoiem os mais jovens em seu tempo livre. A gestão e o estímulo de grupos voluntários na comunidade local que queiram colaborar em programas de sensibilização, acompanhamento e apoio aos alunos do bairro, em locais de lazer, nos trajetos para a escola etc. A criação de *grupos de jovens mentores* que realizem trabalhos de aconselhamento e acompanhamento de outros menores, que possam ter dificuldades não só acadêmicas e escolares. A construção e provisão de espaços seguros nas escolas para os períodos anteriores e posteriores às refeições. O estabelecimento de convênios com as escolas para apoiar múltiplas iniciativas, como:

- campanhas de sensibilização acerca da violência;
- difusão de experiências de resolução e boas práticas contra o *bullying*;
- promoção de exemplos de convivência saudáveis nas escolas;
- campanhas de estímulo e recompensa de figuras conciliadoras e pacificadoras entre os alunos, facilitando distinções e reconhecimentos anuais entre eles;
- concursos para o reconhecimento de boas práticas;
- convênios para a provisão de recursos pessoais, com monitores educacionais para os períodos de tempo livre,

recreação, espaços de refeições, entrada e saída da escola e transporte escolar.

Os meios de comunicação e sua vitrine pacificadora

Também podem e devem comprometer-se com a comunidade educacional. Pode ser interessante a existência de protocolos de ação nas escolas em conjunto com os meios de comunicação, bem como a figura de um porta-voz, a fim de estimular a divulgação das boas notícias educacionais na sociedade. Nesse sentido, um bom instrumento são os convênios de colaboração com eles. Estabelecer convênios para o tratamento de temas educacionais. Colaboração regular e fixa de pessoas (famílias, professores ou alunos) nos meios de comunicação, para mostrar aspectos positivos da convivência na escola. Implementar consenso na redação de documentos educacionais para os meios de comunicação. Que os meios de comunicação participem das atividades internas da comunidade educacional. Propor-lhes códigos deontológicos de tratamento da educação e dos casos de *bullying* em seu desenvolvimento profissional.

O corpo não docente e sua observação silenciosa

São pessoas que trabalham nas escolas e também têm funções fundamentais na luta contra o assédio; na sua participação em atividades de supervisão de atividades paradidáticas e extracurriculares; no acompanhamento nos momentos de recreação ou não acadêmicos na convivência com os alunos; no conhecimento dos alunos em situações não acadêmicas (pausas, recreios, corredores, entradas e saídas, aulas vagas etc.) que podem permitir-lhes intervir em casos de possível assédio ou situações graves; na realização de tarefas com alunos particularmente sensíveis (perfis de conflitos, academicamente desmotivados, vítimas, assediadores...) para corresponsabilizá-los por ações de natureza comunitária, em bibliotecas, pátios, recreios etc.

Finalmente, poderíamos apontar um pouco mais dentro da comunidade educacional, associações de vizinhos, ONGs de voluntariados que colaboram com a escola, associações de bairros, agentes de convivência, profissionais de negócios, administradores de sites, provedores de serviços, internautas, plataformas on-line. Em suma, qualquer pessoa na sociedade pode realizar algum trabalho no espaço em que atue, manifestando a sua atitude e posição contra o *bullying*.

Na escola

Na instituição escolar deve dar-se a resposta central e a resposta global, estrutural e academicamente. A resposta educacional da escola deve ser global e particular, fundamentalmente em dois planos: da organização e do currículo.

Do ponto de vista organizativo a escola deve mostrar o compromisso de inserir o *projeto antibullying* no âmbito de suas estruturas e de seus documentos institucionais:

- *No projeto educacional*, refletindo explicitamente suas intenções políticas de luta prioritária contra o assédio, adotando a assinatura de uma declaração *antibullying* que comprometa pública e oficialmente a comunidade educacional nessa luta, e realçando o caminho para o restante dos projetos e de iniciativas do centro educacional, para a inclusão do trabalho contra o *bullying* nos diferentes níveis de desenvolvimento.

- *No plano de convivência*, mostrando as ferramentas concretas através de planos de ação, estruturas ou programas específicos de trabalho como a resolução de conflitos, a educação emocional, as habilidades sociais ou a educação moral.

Finalmente, nos documentos institucionais e estruturas escolares devem ser inseridas as intenções da comunidade em quatro planos distintos:

- Em nível de *figuras e estruturas de referência* na luta contra o assédio.
- Quanto aos *processos educacionais de formação* em competências socioemocionais e morais dos alunos.
- Quanto aos *modelos disciplinares*, que dizem respeito ao padrão de intervenção e solução dos casos e o modelo restaurativo das relações.
- Quanto aos *modelos participativos*, que a construção do *projeto antibullying* seja concebida como um processo compartilhado e corresponsável, satisfatório e saudável.

Logo, a escola deve tomar decisões importantes. Uma delas é criar *uma estrutura organizativa e de gestão* na qual esteja representada a comunidade educacional (Grupo de Convivência ou Grupo de Trabalho *Antibullying*) e na qual existam figuras legitimadas para agir na convivência, no *bullying* e no *cyberbullying*.

Outra decisão crucial é a de *determinar novos papéis* a serem exercidos por adultos e entre os alunos com legitimidade para intervir dentro da escola, a partir dos perfis correspondentes.

Especialmente importante é o trabalho de aconselhamento que alguns professores podem desempenhar como tutores de convivência na gestão dos casos de *bullying* ou *cyberbullying* e na intervenção com os alunos envolvidos neles (Avilés, García e Mateu, 2012).

Entre os alunos, parece ser muito significativo o reconhecimento que a comunidade educacional deve conceder à figura dos Sistemas de Apoio entre Iguais – SAI (Avilés, 2017a), como as equipes de ajuda (Avilés, Torres e Vián, 2008), os mentores e *cybermentores* (Avilés, 2018a; Avilés e García Barreiro, 2016) na luta e na gestão contra o *bullying* e o *cyberbullying*. Também entre as famílias com funções de aconselhamento (Avilés, 2017a).

Medidas organizativas visam *fortalecer as tutorias e o trabalho da equipe docente*. As tutorias são fortalecidas exigindo o trabalho tutorial de todos os professores e nomeando tutores e tutoras adequados para os grupos, generalizando e compensando de alguma forma, especialmente com tempo, o trabalho que esses profissionais desenvolvem. Tomar decisões organizacionais com a equipe docente deve fazer com que possam coordenar ações conjuntas nos grupos e que compartilhem informações de forma mais imediata em face dos casos de *bullying*, assim que começarem a se manifestar.

São medidas organizativas as de *adoção de critérios de agrupamento* pensando nas relações de abuso, para evitá-las, e nas medidas de observação e supervisão dentro da convivência escolar, fazendo os adultos participarem delas.

São medidas importantes as de acompanhamento e ajuda, estar com, viver com... Não apenas *contando com os adultos*, mas dando *protagonismo aos alunos*, gerando redes que configurem qualquer das modalidades de sistemas de apoio entre iguais que eles possam desempenhar. Aos adultos (professores, famílias, funcionários não docentes...) podemos envolvê-los em determinados momentos (escolares, paradidáticos e extraescolares), na formação (conjunta), no treinamento para a observação ou intervenção em situações específicas. E para os alunos, como parte dos sistemas de apoio: em jogos e propostas de recreação, estruturas de amizade, equipes de apoio, equipes de mediação, equipes de mentoria e *cybermentoria*, em ações de aprendizagem-serviço como prática de solidariedade.

No portfólio organizacional devem estar as *medidas de coordenação com outras instâncias*: equipes sociais, de saúde, legais, multiprofissionais, de serviços terceirizados da administração... Também são fundamentais as ações para *assegurar canais para comunicar e conhecer* as situações de assédio: caixa de sugestões, telefone, e-mail, web, diário de incidências etc.

No entanto, organizacionalmente falando, uma das questões que exigem mais atenção e coordenação é a que tem a ver com *como organizar a resposta aos casos*, os protocolos de ação. A resposta consensual e preparada, o processo que se desencadeia quando algo acontece.

Um esquema básico de ação na escola passa por:
- Definir a pauta perante a suspeita ou conhecimento de um caso, confirmando e comunicando os fatos aos responsáveis pela sua gestão.

- Uma determinação dos perfis envolvidos, bem como dos conteúdos relevantes a serem tratados.
- O início de uma intervenção educativa, na qual sejam propostas soluções e estratégias com os envolvidos.
- Levar a um Plano de Ação Educacional que recolha por escrito os compromissos das diferentes partes concernentes.
- O plano deverá prever o que acontecerá, se não for eficaz ou não for cumprido como desejado, bem como os mecanismos de supervisão, avaliação, reformulação e/ou encaminhamento.

Do ponto de vista da inserção curricular, no entanto, são a intenção e o acordo coletivo da equipe docente que devem implementar as ações em seus diferentes materiais de forma coordenada:

- *Na primeira vez que o tema for abordado em sala de aula*, o corpo docente terá a oportunidade de expressar e lançar as mensagens que deseja serem memorizadas por seus alunos.
- A *gestão das normas* será um objetivo curricular em cada sala de aula e servirá para estabelecer os limites e as consequências de não os respeitar.
- O *tratamento curricular específico do tema* realizado por cada professor ou professora expressará as intenções que têm sobre ele e seu posicionamento sobre a questão.
- *O estilo docente*, ao desenvolver a prática educacional, supõe um exemplo sem palavras de como se entende o poder, a participação, os consensos, a resolução de

situações problemáticas... "A palavra convence, o exemplo arrasta."

- *A gestão dos conflitos* é a oportunidade que os professores têm para demonstrar como encontrar as soluções, às vezes tão difíceis, que todos procuram, de como administrar e lidar com as emoções colocadas em jogo em cenários tão complicados.
- *O trabalho da competência moral*, que está por trás do obstáculo curricular de muitas decisões que tomamos diariamente, também é outra oportunidade para mostrar quais são os valores com os quais lidamos.
- *A cooperação e a aprendizagem-serviço* devem ser os métodos que expressem a filosofia nas relações curriculares do ensino-aprendizagem, pois mostram como são entendidas também profissionalmente.
- Oficinas de imprensa, roteirizações, dramatizações, elaboração de peças publicitárias, vídeos, análises de casos, compartilhamento de experiências, aulas de reflexão, compartilhamento de papéis etc.; todos representam *técnicas que podem ser empregadas* no currículo.
- É preciso *administrar os compromissos* assumidos ou alcançados: acordos reeducativos, acompanhamentos tutoriais e parentais, mentoria etc., todos eles podem ser instrumentos interessantes para se chegar a consensos.

Essas decisões organizacionais e curriculares podem ser resumidas em uma série de *constantes ou linhas de ação* que devem tornar-se visíveis no cotidiano das medidas que forem sendo tomadas. Sem dúvida, algumas são decisivas (Avilés, 2013b):

- Apoio institucional.
- Estruturas operacionais.
- Obtenção de uma imagem ajustada dos acontecimentos.
- Necessidade de uma formação específica.
- Divulgação e difusão de ações contra o assédio.
- Propostas de prática restaurativa dentro das políticas disciplinares.
- Protocolos de ação para o *bullying* e o *cyberbullying*.

No grupo de convivência

A primeira vez

Não devemos esperar que os casos aconteçam para nos ocuparmos deles. Tanto os professores como as famílias e os próprios alunos devem pensar na resposta que darão diante de um caso, antes mesmo que ocorra. As famílias devem falar sobre o tema com seus filhos e filhas, para ajudá-los a se posicionarem moralmente diante do abuso. Conversas breves, mas sinceras, são indispensáveis para saber o que nossos filhos, filhas, pais, mães, irmãos ou irmãs pensam sobre isso. Sem dúvida, é relevante adotar posturas coerentes, independentemente do perfil que ocupem, seja o de vítimas, seja o de agressores, seja o de testemunhas.

Também a primeira vez na sala de aula é fundamental. É melhor planejá-la. Os professores podem propor a reflexão aos seus alunos e preparar mensagens para aqueles que agridem, para aqueles que assistem ou aqueles que podem vir a ser maltratados. Imaginar o que fariam se fossem os alunos a proporem explicitamente o caso ou através de um incidente ou problema de convivência.

Em qualquer caso, como na família, os adultos não podem deixar qualquer dúvida sobre sua posição contra o abuso, doa a quem doer. Isso ajudará o menor de idade a não encontrar qualquer tipo de legitimação do abuso por parte de qualquer figura de autoridade, pai, mãe ou professores.

Os alunos também podem dramatizar os papéis e avaliar o grau de coerência moral sobre o respeito que concedem ao poder daqueles que abusam ou a defesa que fazem dos direitos daqueles que são agredidos. No tocante aos adultos, devem ajudá-los a realizar avaliações coletivas, ao invés de individuais, do poder daqueles que agridem no grupo. Uma vez que é muito maior o número daqueles que assistem, eles podem se organizar contra o assédio para enfrentar os que pretendem abusar, de forma efetiva e assertiva.

No plano social, o trabalho do corpo docente se concentrará na gestão das lideranças e na análise e controle do poder dentro do grupo. As escolhas e rejeições por parte dos colegas são decisivas para incluir ou separar socialmente alguns indivíduos.

No plano histórico-cultural, é preciso trabalhar a "cultura da denúncia" que costuma predominar nos grupos e transformá-la em uma cultura de direitos humanos e sua defesa.

No plano normativo, será necessário atualizar e respeitar as normas *antibullying* dentro do grupo, envolvendo os alunos na sua criação, monitoramento e reformulação.

No plano estrutural, os adultos devem facilitar uma estrutura de apoio entre iguais para engajar os alunos em uma cultura de apoio que facilite as relações e permita o auxílio em momentos difíceis.

A gestão dos casos e sua análise prévia

Antes de marcar as linhas de gestão de um caso, devem ser analisados os parâmetros que o constituem, a fim de avaliar qual é o melhor caminho a seguir em sua gestão e quem são as pessoas que podem realizá-la melhor: a história passada do caso, seu histórico de relacionamentos, aparições e ocultações, oscilações e momentos de tensão e calmaria; os implicados explícitos e ocultos, aqueles que podem ou não ajudar; as motivações de uns e de outros; e o grau de sofrimento de quem foi assediado, o apoio recebido pelo agressor, o consentimento daqueles que observam.

Por último, as respostas a essas questões orientarão a forma, as pessoas, o método, o sentido educacional, a sequência, o prognóstico e a intervenção, bem como, em última análise, o modo de realizá-la.

No âmbito individual

As pessoas que estão imersas em casos de *bullying* ou *cyberbullying* precisam de uma atenção específica, não única, mas sim dirigida a contribuir na reconstrução das relações e na solução digna para todos que participam dessas situações. A seguir, apontaremos ações que podem contribuir para essa finalidade e indicaremos atividades que podem ser desenvolvidas.

Com aqueles que agridem:
- Trabalhar com eles a gestão das consequências mediante a *aula de reflexão* (Avilés, 2015), que pode ser um bom cenário de experiências.
- Visualizar a resposta normativa que a escola tem e como pode afetá-los. Seria bom adotar acordos para seguimento de normas de tratamento cordial com aqueles que agridem.
- Deve ser realizado um trabalho terapêutico e educacional com eles, através de treinamento em diferentes programas: de habilidades sociais, empatia, emocionais, de conduta...
- Devem ser construídas condutas alternativas à agressão. Através de técnicas de controle de agressividade ou por meio de um catálogo compensatório alternativo: prestação de serviços à comunidade, exercício de diferentes papéis, descoberta de diferentes esferas de poder...
- Deve-se trabalhar na reestruturação cognitiva em perfis como o dos *bully-victims*, ajudando-os a sair do ciclo de agressão-vitimização.

É preciso oferecer e organizar uma solução digna também para aqueles que agridem. Devem comprometer-se com o reconhecimento e a restituição do dano e com o pedido de perdão às vítimas.

Com aqueles que sofrem vitimização:
- Deve-se treinar o modo de realizar com eles uma atenção personalizada. Para alcançar os propósitos, é preciso seguir as diretrizes de uma entrevista pautada, a fim

de evitar a culpabilização e de treiná-los em condutas alternativas.

- Deve-se estimular a sua confiança, oferecendo-lhes pessoas de referência com quem possam contar em todos os momentos, a quem possam recorrer, e utilizar esses momentos para construir as mensagens que precisam ouvir.
- Também será necessário treinar respostas de enfrentamento que permitam o aprendizado de técnicas de respostas eficazes, descartando aquelas que não funcionarem.
- Sem dúvida, a criação de ambientes de proteção para a vítima proporcionará segurança e contribuirá na geração de espaços mais seguros, com redes de apoio dispostas a colaborar e a protegê-la.

A começar pelos adultos, deve-se melhorar a posição social das vítimas dentro do grupo de iguais. Aqui, o papel de quem convive com elas é essencial, controlando determinados sinais de alerta, construindo e direcionando as mensagens públicas, buscando e obtendo para as vítimas ocasiões para brilhar.

Com as testemunhas:

- Deve-se desenvolver a capacidade de as testemunhas prestarem ajuda aos que são vitimizados, o que se consegue através do treinamento em observação, simulação de papéis e prática de situações, para se sentirem parte de um grupo, e não indivíduos que agem sozinhos.
- É responsabilidade dos adultos gerar estruturas em rede que mantenham vivas a mensagem e as ações dentro dos grupos. Será necessário construir sistemas de apoio

entre iguais: ajuda, mentoria, mediação, aconselhamento, acolhimento...

- Com o grupo é preciso construir estratégias coletivas de defesa e que, além disso, sejam reconhecidas e legitimadas por ele. Primeiro é preciso que se sinta essa necessidade mediante a análise dos casos, a construção de roteiros, a realização de dramatizações etc., que levam à reflexão coletiva e à tomada de decisões e de acordos que salvaguardem o bem-estar coletivo do grupo, como uma necessidade reconhecida por seus membros.
- O tempo de tutoria é essencial para fazer o trabalho com as testemunhas. Deve-se encaminhar o uso do tempo de tutoria para o trabalho comunitário de conscientização: debates, exibição de histórias, análise crítica de vídeos ou gravações...

É preciso estimular a mudança de visão do cenário do assédio, alterando a leitura que se faz das situações.

É a mentalidade daqueles que observam que deve mudar, gerando julgamentos morais diferentes e apurados em favor daqueles que sofrem a vitimização. Esse trabalho deve ser realizado a partir do currículo, por meio de jogos com dilemas morais.

Elaborar o *projeto antibullying*

Considerar como relevantes os elementos indicados anteriormente ajuda a situar a intervenção sobre o assédio numa dimensão ajustada, quando as ações começam a ser executadas. Finalmente, toda a análise realizada até aqui, com o passar do tempo e a experiência, permite aos agentes educacionais reunir diretrizes em torno de uma intenção e a visibilizá-las no *projeto antibullying* da comunidade educacional.

A construção de um *projeto antibullying* dentro de uma comunidade educacional não é algo simples; é uma corrida de longa distância, na qual, sem pressa, mas sem pausa, todos os que dela participam devem envolver-se, sabendo que a ajuda mútua contribuirá para desenvolver, ainda mais se for possível, a força que tem a intenção e o compromisso coletivo das famílias, dos alunos e dos professores para erradicar das relações interpessoais o esquema de domínio-submissão que o assédio implica.

É preciso trabalhar para que a cultura do bom tratamento e do exercício do poder de forma não abusiva se instale no sistema de relacionamentos como cultura dominante. Fazê-lo de forma organizada e planejada constitui o grande desafio de qualquer comunidade educacional que deseje eliminar os casos de *bullying* em seu meio, o que não se consegue se não houver um *projeto antibullying* conhecido e reconhecido por todos os seus membros.

A seguir, listamos as *etapas* que uma comunidade educacional deve percorrer *para alcançar esse objetivo,*, indicando os grandes marcos que em cada uma delas devem ser abordados. Elas foram organizadas em torno de seis grandes questionamentos e suas ações (Avilés, 2015):

1. De onde se parte.
2. O que se procura.
3. Do que se precisa.

4. Como se planeja implementar o projeto.
5. Implantação.
6. Avaliar seu desenvolvimento.

1. De onde se parte

Em torno dessa questão, a comunidade educacional analisa a realidade da escola e seu próprio projeto, a fim de orientá-lo ao objetivo de torná-lo sensível à realidade do assédio. Nesse sentido, deve-se conseguir a realização de uma série de tarefas relevantes.

Em primeiro lugar, saber com o que e com quem se pode contar. Isso significa partir da realidade educacional da escola, das pessoas e das forças que podem reunir-se para lutar contra o assédio. Nesse momento são essenciais as tarefas de sensibilização dentro da comunidade, caso a questão do assédio ainda não esteja suficientemente destacada.

Uma segunda tarefa seria levar os setores da comunidade a concordarem sobre o que entendem por *bullying* e quais preconceitos têm sobre a violência interpessoal.

Conseguir consensos suficientes ajudará a definir o *bullying*, tomar decisões de abordagem e definir diretrizes de intervenção para quando os casos ocorrerem.

Dessa primeira questão também deriva o ponto de partida sobre a quantidade e a qualidade de *bullying* existente na comunidade. Tornam-se indispensáveis trabalhos de avaliação sistemática em cada curso como um mecanismo padronizado de abordagem do fenômeno. Essas tarefas de pesquisa marcam a linha de base a partir da qual construir e melhorar.

2. O que se procura e
3. Do que se precisa

A resposta para essas duas questões unidas situa-se no nível dos objetivos e das necessidades, o que supõe concordar com metas, utilizando critérios razoáveis de realização.

O exercício de prudência para marcar os resultados fará que a comunidade educacional tenha de priorizá-los e estabelecer prazos para sua realização ao longo dos anos escolares. Outra tarefa propositiva supõe tomar decisões de forma consensual em relação ao modelo disciplinar a ser utilizado na escola, o que se espera dele e as consequências práticas.

As decisões nesse campo exigirão uma intervenção no mesmo sentido. Nessa reflexão, devem ser consideradas as vantagens e desvantagens de modelos sancionadores ou mais regenerativos, de forma a optar pelo que mais interessa.

Também entre as análises proposicionais a realizar está a resposta a ser dada a uma terceira questão sobre as necessidades que surgem na comunidade, após ter realizado a análise de sua realidade e dos objetivos a conseguir. As informações necessárias devem ser coletadas para enfrentar o *bullying* e a formação e o treinamento que os diferentes setores precisam para enfrentá-lo. Uma comunidade qualificada estará mais bem posicionada para fazê-lo.

4. Como se planeja implementar o projeto

A quarta questão envolve o planejamento coordenado das ações no projeto da escola, seguindo seu plano de convivência. Nesse sentido, devem ser consideradas as implicações organizacionais das decisões a tomar e as mudanças que elas pressupõem. É necessário ter apoio da direção e da administração, assim como consenso dentro da escola para que ele seja assumido.

Outra tarefa necessária nesse plano é programar curricularmente as ações sobre o assédio por parte dos professores nas áreas, na escola e nos departamentos. Além disso, a comunidade deve prever a resposta imediata a ser dada, no caso de ser detectada uma situação de assédio. É necessário haver um debate sobre os protocolos a serem seguidos, tanto no *bullying* quanto no *cyberbullying*.

É verdade que as administrações educacionais estabelecem diretrizes normativas, no entanto, a mera suposição delas evita que todo o conjunto da escola reflita sobre o que é conveniente ou inapropriado fazer quando se enfrentam os casos. Não se trata tanto do resultado a ser alcançado com a adoção de um protocolo próprio, embora também seja importante, mas sim do processo e do enriquecimento da reflexão para o grupo, buscando consensos em relação aos procedimentos a seguir.

5. Implantação

Os principais marcos em relação a essa questão têm a ver com a implementação das ações nos diversos planos da escola e com assegurar um mínimo de elementos a ser alcançado em sua implementação. Apontamos alguns que nos parecem emblemáticos.

Os documentos institucionais devem apresentar o posicionamento da comunidade na implementação do projeto. Nada melhor do que fazê-lo em uma *declaração antibullying* que recolha esses propósitos de forma pública. Há também muitas implicações organizacionais, no entanto, um dos mais benéficos para o desenvolvimento das ações é a criação de um Grupo de Trabalho *Antibullying* ou um Grupo ou Equipe de Convivência que seja a espinha dorsal das ações. Isso pressupõe, como observamos anteriormente, implicações organizacionais decisivas na escola, concessão de tempo e legitimação institucional.

Os alunos devem ter um papel protagonista no desenvolvimento do projeto e, para isso, devem desenvolver redes em forma de Sistemas de Apoio entre Iguais (SAI), que tomem forma e estabilidade na escola para sustentar as ações. Tornarão presente e visível a filosofia do projeto. Também deverão ser colocados em prática diferentes técnicas e métodos para abordar o *bullying*, depois de ter recebido a formação e o treinamento oportunos, que ajudarão as pessoas diretamente envolvidas nos casos ou permitirão que a prevenção seja eficaz nessa linha de trabalho, uma vez que o tempo passa.

Finalmente, o projeto não pode permanecer fechado em si mesmo, mas deve enriquecer-se, modificar-se e relacionar-se com outros similares, estabelecendo redes de colaboração transformadoras com o próprio entorno ao que serve e onde está inserido.

6. Avaliar o desenvolvimento

Planejar e programar um projeto assim supõe prever avaliações e revisões, antes de colocá-lo em prática. Fundamentalmente, é necessário delimitar os indicadores de avaliação que vão servir para saber se o que é planejado funciona e se a luta contra o abuso está se mostrando eficaz.

Igualmente, nessa avaliação deve prevalecer a prudência, a fim de marcar adequadamente os tempos de realização dos objetivos. É preferível planejar a avaliação de pequenas realizações em vez de grandes metas.

A implementação de um *projeto antibullying* é uma corrida de longa distância e tem a vocação de permanecer instalada entre os instrumentos permanentes da escola. Portanto, não se devem queimar etapas, mas ir pouco a pouco alcançando resultados que a própria comunidade considera necessários e de realização imprescindível, depois de feitas todas as análises prévias de suas necessidades.

Na Figura 4.2. podem ser associadas as grandes intenções que cada etapa implica e das quais derivam as ações concretas indicadas; ações que a comunidade em seu conjunto deve abordar e cada setor em particular, em maior ou menor intensidade.

1. De onde se parte • Definir o local (escola) • Definir o *bullying* • Medir o *bullying*		PROJETO EDUCACIONAL- SENSIBILIZAÇÃO CONSENSO ENTRE SETORES DA COMUNIDADE PESQUISA-LINHA BASE
2. O que se procura • O que se deseja conseguir • Qual o modelo de intervenção • Informação e formação	**PROJETO ANTIBULLYING**	PRIORIZAÇÃO E PRAZOS SANCIONADO-REGENERADOR DIFUSÃO-CAPACITAÇÃO
3. Como se planeja implementar o projeto • Implicações organizacionais • Inserção curricular • Elementos de resposta		COMUNIDADE E ESCOLA P. CURRICULAR E TUTORIA COMUNICAÇÃO-ESQUEMA COMUM
4. Implantação • Elementos institucionais • Estrutura organizacional • Grupo de iguais • Indivíduos • Entorno		DECLARAÇÃO *ANTIBULLYING* GRUPOS DE TRABALHO REDES DE APOIO MÉTODOS E TÉCNICAS PROPOSTAS DE COLABORAÇÃO
5. Avaliar o desenvolvimento • Seguimento • Propostas de mudança		INSTRUMENTOS MODIFICAÇÕES

Figura 4.2. Passos na elaboração do *Projeto Antibullying* na comunidade educacional.

Capítulo 5

Na prática

Evidentemente, há muitos tipos de situações que, com relação ao *bullying*, podem ocorrer para a sua análise e intervenção, e todos são diferentes. Por essa razão, além de abordar a casuística de cada situação, aqui foram selecionados dois casos, a fim de fornecer algumas ferramentas que permitam visualizar as ações necessárias para enfrentá-los. Utiliza-se a *análise de casos* como um método para desvendar situações e tomar consciência delas na sua justa medida.

O *primeiro caso prático* selecionado aborda uma situação de *bullying físico*, tipologia frequente entre a casuística que apresenta o assédio. Mas, além de escolher uma tipologia específica, procurei utilizar uma metodologia que busca a sensibilização e a conscientização entre os diferentes membros da comunidade educacional, quando ainda não foram definidas as intenções das pessoas em relação à intervenção.

O *segundo caso prático* é uma situação hipotética de *gestão em sala de aula* de um caso de *bullying*, ou quando há suspeita de que exista, mas está latente. Por se tratar de gestão em sala de aula, envolve diretamente o corpo docente e a sua intervenção. Ao contrário do caso anterior, este não aborda um tipo específico de *bullying* – poderia ser qualquer outro ao qual se propõe –, mas analisa a intervenção dos professores em seu grupo *na primeira vez* que se fala do tema ou quando é preciso administrá-lo, abrindo uma gama de possibilidades de intervenção, conforme a gravidade, a história, a dinâmica, a tipologia ou o envolvimento dos alunos no caso. Embora se concretize em um caso específico, o objetivo perseguido é que os professores se coloquem em posição de abordar a questão com a turma em qualquer outro caso que se possa imaginar, refletindo sobre a variedade de perspectivas que se podem tratar e as consequentes decisões que se devem tomar para geri-las. Essa circunstância forçaria o corpo docente a não esperar que algo aconteça, mas a ter iniciativa, tomar decisões e saber como intervir no grupo.

Sobre o método de análise de casos

A análise de casos, como método para fazer emergir preconceitos sobre a violência na comunidade educacional (Avilés, 2003, 2006), é uma metodologia que permite a análise em grupo, com diferentes níveis de profundidade e aproximação, de questões relacionadas à violência e, em particular, da dinâmica do *bullying* na escola e entre os setores da comunidade educacional. Pode-se trabalhar individualmente por setores ou em conjunto com eles. É aplicável aos alunos, professores e famílias.

A técnica de análise de casos exemplifica o exercício de sensibilização que pode ser feito em toda a comunidade educacional em geral e com os adultos que fazem parte dela em particular.

Embora também seja aplicada aos alunos, é especialmente indicada para o trabalho com as famílias e com o corpo docente. Com os alunos é apontada especialmente para a sensibilização dos espectadores de assédio e para o tratamento de situações que não estão vivendo diretamente nesses momentos.

O objetivo dessa técnica é tomar conhecimento de algum tipo ou situação de assédio em particular, a fim de encontrar vias comuns de prevenção e ação para que não surja ou para que não se desenvolva nos contextos onde poderia ocorrer. Antes que ocorram situações de abuso, ela ajuda a valorizar a informação, as atitudes e os comportamentos dos personagens, ao fazer aflorar as concepções que se tem sobre a violência e o abuso, tomando consciência delas e buscando soluções atitudinais e comportamentais para enfrentá-las.

A análise dos casos pode ser feita através de relatos, fictícios ou reais, que permitam explorar as diferentes formas de abuso com os alunos, os professores ou as famílias e que coloquem distância suficiente entre aqueles que os enfrentam, para que emitam julgamentos com sinceridade e segurança, possibilitando conhecer suas ideias sobre esses temas e orientar e intervir nos casos. Lidar com os problemas com certa distância permite que as pessoas sejam mais objetivas, por não estarem afetadas diretamente por eles, mas também lhes facilita a mudança de perspectivas de análise para situações próximas e/ou vividas ou a viver, favorecendo a partilha de sentimentos, emoções e dilemas morais.

Os *níveis de reflexão* a perseguir, de acordo com o grupo com que se trabalha, são diversos e podem marcar a pauta para a profundidade da aplicação. Nesse sentido, geralmente

começamos com a análise do mais simples para o mais complexo, de acordo com estes conteúdos:
1. A *informação* que os personagens do relato administram.
2. As *opiniões, crenças e pensamentos* que têm ao agir.
3. As *atitudes e comportamentos* que sabemos que têm.
4. Os *sentimentos e emoções* que surgem na história ou que supomos existir.
5. Os *dilemas morais* que enfrentam e as respostas que dão a eles.

O trabalho para realizar a análise dos casos é proposto através de uma *sequência temporal*:

- Até 15 minutos de apresentação do trabalho ao grupo. Nesse tempo, quem está conduzindo a sessão explica a dinâmica que se pretende com aquilo, qual o trabalho a ser realizado e em quanto tempo.
- Pouco mais de uma hora de trabalho, dividida em frações:
  - 15 minutos. Trabalho individual. Formação dos grupos e leitura dos casos. Perguntas e dúvidas.
  - 1 hora. Trabalho em grupo. Eleição do porta-vo/secretário. Discussão em grupo. Oportunidade para que todos falem e expressem seus sentimentos e opiniões. Proposta de conclusões consensuais e registro--elaboração de conclusões a serem compartilhadas.
- 30 minutos para a partilha geral dos subgrupos que foram formados previamente.

Do ponto de vista preventivo, inserir no currículo dos alunos o uso da *análise de casos* facilita a reflexão sobre o *bullying*. Supõe um trabalho sobre os julgamentos e as posições daqueles que analisam através do estudo de caso.

Portanto, trata-se de uma técnica de trabalho destinada a todos os membros da comunidade educacional, que tem um caráter de prevenção e proteção ao risco, e é um primeiro passo para a conscientização na abordagem do problema.

Por se tratar de uma técnica breve, fácil e útil para os professores e os alunos, foi a escolhida como proposta prática neste livro.

Caso I. Um caso de violência física e *cutting* (automutilação)

A seguir, exemplificamos um caso de *bullying* físico. O exercício não pretende ser mais do que um instrumento para a sensibilização dos setores da comunidade educacional para que façam aflorar seus preconceitos sobre o assédio, o abuso e a força física e suas consequências, e, assim, possam tomar decisões apropriadas para erradicar sua presença no ambiente mais próximo.

A situação

Provocam o Raul (assediam-no) por causa de sua aparência física

Raul é um garoto baixinho, magro e que desfruta dos momentos de solidão, que o ajudam a pensar. Não é um garoto como os seus colegas de 13 anos, barulhentos, altos e superativos. Os pais dele são advogados e trabalham o tempo todo, por isso não os vê muito. Na aula de Educação Física evita os exercícios de impacto e os esportes de contato porque sabe que pode dar-se mal e, além disso, não gosta deles. Foi justamente nessa disciplina que os problemas tiveram início. Os colegas mais fortes começaram, no início como brincadeira, a abraçá-lo com força, como se o quisessem espremê-lo, até deixá-lo desconfortável a ponto de chorar. Embora tivesse dito aos colegas que aquilo o irritava, João e Diego continuaram e aumentaram a frequência da brincadeira, motivados por suas recusas e reclamações, dizendo-lhe que era fracote e mariquinhas. A professora não percebia porque estava organizando outros grupos que faziam outros jogos.

Como se sentia mal, ao chegar em casa contou aos pais, que lhe disseram que aquilo talvez fosse uma demonstração de afeto e tentativa de aproximação, que tinha de fazer amigos, que todos os garotos fazem brincadeiras assim e que devia ser tolerante, agindo como os outros para não ser considerado diferente e rejeitado. Que devia praticar esporte para crescer, ficar mais forte e passar despercebido. Que devia acordar e aprender a se defender, que falasse com a professora, que eles não podiam falar com ela porque naquela semana estavam ambos envolvidos num projeto importante e não poderiam faltar ao trabalho. Que não desanimasse, pois, com o tempo, conseguiria adaptar-se.

A situação piorou um pouco mais. Em poucas semanas, essas "brincadeiras" estenderam-se a outros colegas do grupo de João e Diego, que faziam aquilo não apenas quando brincavam no recreio, mas em outros lugares da escola, chamando-o de boneco de pelúcia. Isso ocorria até mesmo durante os intervalos das aulas e de atividades, e diante de professores, que talvez pensassem que estavam brincando, porque não intervinham, e diziam apenas que se sentassem para continuar a aula. No entanto, para Raul os piores momentos ainda eram às quartas-feiras, durante as aulas de Educação Física. Certo dia, depois da aula, no vestiário, quando estava tomando banho, João e Diego conseguiram cercá-lo e começaram a espremê-lo como se fosse um sanduíche, então Raul perdeu o controle e começou a gritar e chorar, o que surpreendeu os dois colegas que se separaram e começaram a rir dele e a insultá-lo, chamando-o de "bebê chorão". Raul disse-lhes que não gostava de ser tocado, ao que responderam que eles não eram gays, enquanto o socavam e davam pontapés. Havia poucos meninos nos chuveiros, mas nenhum ajudou Raul, que entrou em pânico, com tremores por todo o corpo. Aos poucos se acalmou o suficiente para conseguir se vestir o mais rápido possível e, ainda tremendo, deixou o vestiário para não se atrasar para a próxima aula, que era de Matemática. Na sala, não conseguia prestar atenção à aula nem responder às perguntas da professora, que ficou surpresa com ele.

Raul só pensava no que havia acontecido, e a única coisa que desejava era sair da escola e nunca mais voltar.

Depois disso, quando a quarta-feira se aproximava, Raul foi ficando cada vez mais nervoso, mas não se atrevia a contar a ninguém como se sentia, por vergonha e por medo, e porque, como a professora de Educação Física não entrava no vestiário dos meninos, não poderia ajudá-lo e, se lhe contasse, a situação poderia ser ainda pior. No recreio, o grupo de João e Diego sempre mexia com ele, dando soquinhos e tapas na nuca.

Nas manhãs de quarta-feira, ao acordar, começou a dizer à mãe que se sentia mal, com dor de barriga ou de cabeça, para evitar ir à escola. Isso se repetiu também em outros dias, não apenas às quartas-feiras, para que ninguém desconfiasse. Ficava em casa jogando *videogame* ou assistindo a vídeos no YouTube.

Procurou vídeos de pessoas que se sentiam tão mal quanto ele e como resolviam a situação. Alguns eram de crianças e adolescentes que, para aprender a lidar com a dor, faziam pequenos cortes nos braços e pernas. Tentou fazer o mesmo em lugares de seu corpo que não seriam visíveis, como a parte interna das pernas, para ver o que sentia. Pensava que desse modo suportaria melhor a solidão e a dor causada pelo medo de ir à escola e ser agredido.

Diante da relutância em ir à escola, seus pais deixaram de acreditar em suas desculpas e o forçaram a voltar às aulas, o que o deixou ainda mais tenso.

Uma quarta-feira, no final da aula de Educação Física, quando foi tomar banho, um colega de classe, Carlos, que participava da Equipe de Ajuda, viu que suas pernas estavam marcadas com cortes e perguntou-lhe o que era aquilo, o que havia acontecido, se havia algum problema, que não precisava ter medo de contar porque ficaria em segredo de confidencialidade. Raul abaixou a cabeça e não disse nada. Carlos reuniu a Equipe de Ajuda e contou o que havia visto. Juntos decidiram acompanhar Raul e, a partir daquele momento, sempre havia alguém perto dele. Raul continuou cumprindo suas rotinas escolares, mas alguma coisa tinha mudado. Quando João e Diego se aproximavam, sempre havia alguém da Equipe de Ajuda por perto. Ficou surpreso ao perceber que as ameaças e provocações, incluindo as surras, diminuíram. Então, tomou coragem e contou a Carlos o que estava acontecendo. Carlos o escutou e propôs conversar com alguém da coordenação ou da direção da escola, ou com a sua família, pois achavam que sozinhos não poderiam resolver o problema, que tinha ido longe demais. Raul achou que seria uma boa ideia, mas que, se João e Diego descobrissem, seria muito pior, então, prometeu pensar e depois dar uma resposta.

Mesmo com a ajuda que estava recebendo, Raul sentia-se mal, muito mal e continuava a se cortar para expulsar do seu pensamento a dor do isolamento, do escárnio, da violência que sofria por parte daqueles que já tinha considerado seus amigos.

À noite não conseguiu dormir, pensando, rolando na cama, até o nascer do dia, que o encontrou acordado e lúcido, com o firme propósito de colocar um ponto final à situação. Sabia que sozinho não conseguiria, e diria para Carlos e à Equipe de Ajuda que podiam falar com a coordenação, que ele conversaria com os seus pais e juntos procurariam uma solução.

Raul entrou na escola naquele dia com determinação, com coragem. Carlos se aproximou imediatamente, e João e Diego olharam de longe. A solução para o problema, a mudança, tinha começado.

Pontos de reflexão para o trabalho individual ou em equipe

1. Análise

Quem conduz a sessão escolherá a profundidade do nível de análise que lhe interessa. Chegará até o nível de profundidade que necessite ou julgue necessário em torno destas questões:

- informação administrada pelos personagens;
- opiniões, crenças e pensamentos que eles têm;
- atitudes e comportamentos;
- sentimentos e emoções que surgem;
- dilemas morais que enfrentam.

Trata-se de julgar a atitude e os comportamentos de cada um dos personagens a partir do esquema fornecido a seguir:

- *A vítima (Raul):*
    - O que você pensa de Raul? Em que se parece e em que se diferencia dos demais?
    - Por que acha que os problemas começaram?

- Raul deu uma resposta adequada às primeiras investidas de seus colegas? O que acha que deveria ter feito?
- Por que será que Raul se esquiva dos exercícios de impacto e dos esportes de que os garotos gostam tanto?
- Raul é culpado pelo que lhe acontece? Em algum caso ele seria culpado? Por quê?
- Raul tem alguma estratégia de evasão? Quais? Você acredita que são corretas? Por quê? Se não, quais seriam as corretas?
- Raul se defende adequadamente? Por quê? O que deveria fazer?
- Você acha que a automutilação evita o sofrimento da situação? Por quê?
- Se estivesse no lugar dele, o que você faria?
- *Aqueles que agridem (João e Diego):*
  - Como exercem a agressão sobre Raul? Por que acha que agem assim?
  - Você acha que são bons colegas? Por quê?
  - O que pretendem conseguir com essas ações sobre Raul?
  - Por que você acha que os outros colegas do grupo assistem às "brincadeiras" sem fazer nada? Eles têm alguma responsabilidade nisso? Por quê?
  - Quando acha que as agressões se intensificam? Por quê?
  - Você acha que João e Diego têm algum preconceito? Em que parte do texto poderia constatar-se isso?

- *O grupo que apoia João e Diego:*
    - Por que acha que o grupo apoia as "brincadeiras"? A maneira de Raul se defender é bem avaliada? Por quê?
    - Por que os outros garotos se juntam a eles? Agiriam individualmente como o fazem seguindo o exemplo de João e Diego?
    - As "brincadeiras" iniciais que João e Diego fazem com Raul poderiam ser vistas como aceitáveis? Por quê?
    - Você acha que ninguém se importa com o que está acontecendo com Raul? Por quê?
    - O que o grupo deveria ter feito ao presenciar as "brincadeiras"? Poderiam ter estabelecido algum limite? Como, quando, onde?
- *O corpo docente:*
    - Na sua opinião, qual seria o motivo da inação do corpo docente? Se você fosse o professor ou a professora, o que faria? Como o faria?
    - Essa forma de abuso pode ser confundida com outras manifestações rudes ou violentas entre iguais?
    - Seria necessária uma maior supervisão ou vigilância? Onde, como? Seria possível intervir de outra forma? Como?
    - Existe alguma forma de prevenção de situações de abuso nos vestiários ou nos chuveiros?
    - Se você fosse o professor ou a professora desses garotos, como gostaria que as respectivas famílias agissem?

- *A família:*
  - Você acredita que a situação familiar tem algo a ver com o que está acontecendo com Raul? Por quê?
  - Se você fosse da família do Raul, como gostaria que agissem a equipe diretiva e o corpo docente da escola?
  - Como acredita que a família deveria agir?
  - Você faria alguma coisa, se fosse um dos pais de Raul? O quê?
  - Você faria alguma coisa, se fosse um dos pais dos agressores? O quê?
  - Você faria alguma coisa, se fosse um dos pais daqueles que assistem a tudo sem fazer nada? O quê?
- *A escola:*
  - O que a escola precisaria fazer? Faça uma proposta de ações que considera essenciais e prioritárias.
  - O respeito às diferenças, em geral, faz parte das regras de convivência a serem seguidas nas escolas? Como é isso?
  - É legítimo defender a prioridade dessa regra no campo preventivo? Como você acredita que deveria ser abordada?
  - Que medidas uma escola deveria tomar para combater esse tipo de atitude?
- *A comunidade educacional:*
  - Que contribuição pode ser dada pela comunidade educacional na prevenção de situações como essa?

- Avalia-se da mesma forma a violência física e outras formas de abusos? Por quê?
- A violência física é considerada mais grave do que o abuso social, que é produzido on-line ou verbalmente? Por quê?
- *A administração:*
  - Você acredita que a administração faz o suficiente para combater esse tipo de abuso entre iguais?
  - A importância dada a essas formas de violência é a mesma que se dá a outras? Por que você acredita que acontece isso?

2. Perguntas-guia

- De que tipo de *bullying* se trata?
- Segundo você, qual o peso das diferenças individuais nas questões de discriminação?
- Ser diferente inevitavelmente leva à discriminação? Por quê?
- Além dessa, você acha que há outras condições que levam à discrimação? Quais?
- Quais diferenças individuais são mais propensas a gerar discriminação? Por quê?
- Quais as diferenças dos outros que mais o incomodam?
  - A incapacidade de se defender
  - A orientação sexual
  - A falta de recursos de uma pessoa pobre
  - A etnia

- A fragilidade física
- A falta de boas maneiras
- O jeito de se vestir e se comportar de uma pessoa com uma orientação sexual diferente da sua
- Os costumes de uma pessoa de outra religião
- A militância política de alguém de um partido extremista
- Machismo
- Outros

- É moralmente aceitável que isso aconteça com você? Por quê?
- Se você julga as diferenças individuais, como as fundamenta?
- Você acha que ser mais fraco fisicamente é o mesmo que ser vulnerável? Por quê?
- Se você fosse professor ou professora do Raul, como gostaria que agissem os pais de Raul?
- Se fosse da família de Raul, como gostaria que o corpo docente agisse?
- Se fosse um dos pais do Raul, faria alguma coisa? O quê?

3. Condutas alternativas

Cada pessoa, a partir do seu papel de análise (alunos, famílias ou corpo docente), procura especificar ações ou atividades que servem, em sua opinião, para atenuar, abordar ou resolver o problema em cada um dos níveis de participação da escola que agora lhes são oferecidos.

Entidade ou personagem	Análise de atitudes e comportamento	Propostas alternativas para mudança	Fazendo o quê?
A pessoa maltratada (Raul)			
Quem lidera a agressão (João e Diego)			
Quem assiste à agressão (grupo de João e Diego)			
O corpo docente A professora de Educação Física			
A família de Raul			
As famílias de João e Diego			
As famílias dos amigos de João e Diego			
A escola			
A comunidade educacional			
A administração			

Caso II. Gestão da sala de aula

A gestão da sala de aula refere-se a tomar decisões adequadas em momentos oportunos para tratar dos casos de *bullying*.

Sem dúvida, a gestão adequada e oportuna dos casos, no grupo que convive na sala de aula, por parte da comunidade educacional, é um dos assuntos mais relevantes para aqueles que convivem com os adolescentes na escola. Daí a necessidade de construir projetos *antibullying* que sejam partilhados por toda a comunidade educacional.

Já não se trata mais de sensibilizar, mas de gerir projetos, com os quais respondamos aos casos em cada comunidade, com uma perspectiva participativa e reconstrutiva, alcançando todos os alunos envolvidos em soluções dignas e sinceras, as famílias comprometidas com as ações e o corpo docente em respostas profissionais de liderança e gestão.

O *corpo docente* é carente de ferramentas e treinamentos para gerenciar corretamente e a tempo essas situações. Ainda não dispõe de formação suficiente para a gestão de casos e, em muitos aspectos, segue na esteira dos eventos, não se antecipando às situações de forma preventiva ou mostrando dificuldades de gestão quando acontecem. Não sabe o que e como fazer: quando é toda a classe que exerce o abuso; quando aquele que sofre também o provoca; quando aquele que sofre não se defende ou, caso se defenda, duvida-se da eficácia da sua resposta; quando o assédio ocorre na internet e não se sabe quem está por trás dele; quando aquele que agride não colabora ou o faz; quando o corpo docente reconhece que não sabe o que fazer para geri-lo nos grupos; ou quando um tutor ou tutora deseja falar sobre o tema pela primeira vez e não sabe por onde começar.

Isso não se consegue com conferências nem com cursos genéricos de formação sobre convivência. O âmbito de ação é muito mais complexo, requer treinamento e múltiplos testes de habilidades profissionais do corpo docente, sobre a forma como as famílias emitem as suas respostas diante dos casos, sobre a inibição que se desenvolve nos alunos e como quebrá-la, sobre o posicionamento do corpo docente diante de cenários concretos. Antes de agir será necessário haver treinamento em campo, por meio de testes, tentativas, erros e *feedback* daqueles que observam e conhecem o assunto, e numa posição de segurança. Portanto, ainda há muito a avançar profissionalmente nessa área.

Mas, sem dúvida, é preciso dizer também que nem tudo depende do corpo docente na abordagem do *bullying*. Já não se trata mais apenas de informação e formação. É preciso haver capacitação e habilitação (muito mais do que formação) dos agentes educacionais (alunos, professores e famílias) no treinamento de respostas aos casos, em toda a sua diversidade. O *bullying* escolar nada mais é do que uma manifestação na escola de relações de abuso na sociedade e de um exercício de poder mal compreendido. E essas relações também acontecem dentro das famílias e em grupos de iguais.

As famílias têm muito a dizer na gestão dos casos. De forma ativa e colaborativa. Sem prévias justificativas. Em qualquer perspectiva em que seus filhos e filhas estejam, seja na condição de vítima, seja na posição de intimidadores, seja na de testemunhas de abuso. A atitude e a participação colaborativa das famílias são decisivas na gestão. Partindo de uma condição de lealdade educacional, as famílias precisam dar respostas a seus filhos e à escola perante o *bullying*; precisam tomar uma atitude diante de seus filhos, quando eles escondem a verdade por medo de assumir suas responsabilidades; precisam tomar atitudes firmes diante do assédio, comprometendo-se com soluções moralmente aceitáveis, ainda que o comportamento de seus filhos os coloque numa posição desconfortável. Fazer isso é agir antecipadamente, para que o assédio não aconteça mais tarde.

E *o protagonismo dos alunos* na gestão dos casos é crucial se almejamos que participem das soluções, a partir de estruturas como os Sistemas de Apoio entre Iguais – SAI, projetados para combater o assédio (Avilés, 2017a), ou como as Equipes de Ajuda ou os Serviços de Mentoria. O desafio é fazer com que grande parte dos alunos participe dessas estruturas e de seus valores de apoio, o que demonstraria as posições morais dos indivíduos em face do abuso. Porque são eles e elas que devem responder à gestão do assédio, quando zombam de uma colega de classe em vez de ajudá-la; quando observam aqueles que agridem e decidem confrontá-los em suas ações e atitudes; ou quando apoiam a linguagem antiassédio que se promove na comunidade educacional com campanhas para defesa dos direitos das pessoas mais vulneráveis.

É a própria *comunidade educacional* que deve rearmar-se nessa luta. Será necessária uma gestão conjunta e coordenada. Já não se trata mais de olhar para fora, procurando receitas que resolvam os problemas internos. É hora de exigir a intervenção e a capacitação dos agentes educacionais mais bem posicionados nessa luta (alunos, famílias e professores) e questionar as de outras figuras externas que aterrissam nas escolas para alertar sobre o risco de cair no assédio, sem abordar a natureza moral do fenômeno. O medo não educa. Não queremos que nossos alunos e alunas se comportem bem por temor a punições ou para acatar o discurso da autoridade, mas que construam princípios morais universais que os conduzam em suas decisões.

É hora de propor projetos de gestão próprios e diferenciados em cada comunidade educacional; não importados, sentidos e construídos de cima para baixo; que respeitem a diversidade e as idiossincrasias dos perfis de pessoas e casos, oferecendo respostas reais e eficazes para os contextos que as reivindicam. É preciso refletir juntos sobre como responder aos casos que acontecem e que preocupam, e procurar soluções adequadas e educativas, de forma que todos os perfis e pessoas tenham algo para contribuir.

Sem dúvida, para alcançar essa gestão conjunta, é necessário treinar os agentes educacionais em habilidades concretas e eficazes contra o assédio a partir de casos específicos.

A seguir, descrevemos um caso concreto de gestão em sala de aula: o caso de Roberto.

O caso de Roberto

O caso apresentado a seguir é um fato real de gestão de sala de aula (relato elaborado pela professora Maria Natividad Alonso Elvira). Tem como objetivo oferecer abordagens iniciais aos professores sobre como gerenciar uma situação hipotética e quais decisões tomar.

O caso de Roberto, um professor interino recém-chegado à escola

Hoje chega um novo professor para dar aula, pois a professora a quem Lúcia tanto ama está doente, e parece que não voltará este ano. Deve estar muito doente, pensa Lúcia, e logo fica triste por ela. Depois, chega a ficar com raiva, porque ela não estará mais em sua classe.

Lúcia não quer conhecer o novo professor. Será o primeiro professor homem que vai ter em sua vida; sempre teve professoras mulheres.

Lúcia é uma menina de 10 anos, tem cabelos castanhos e olhos escuros, e um olhar profundo e inteligente. Tem sardas graciosas no rosto e pele muito branca. É uma menina alegre e falante, embora um pouco inquieta e desconfiada. Está na escola desde os 3 anos de idade e ali é feliz. Teve alguns problemas de relacionamento com Berta, quando estavam no primeiro ano. Agora, mais maduras, voltaram a estudar na mesma sala. Estão no quinto ano e até agora não tiveram nenhum problema. Quando Berta ameaçava fazer referência ao problema de Lúcia, a professora imediatamente a cortava. Será que o novo professor vai fazer o mesmo?

O problema de Lúcia quase não existe mais: só quando fica muito nervosa ela gagueja um pouco ou alguma palavra fica presa. Há anos vem tratando essa disfemia e praticamente a superou; sabe perfeitamente o que fazer: pensar na palavra inteira antes de pronunciá-la, respirar bem, se acalmar e pronto; assim, tudo sai perfeito.

Hoje é o dia em que vão conhecer o novo professor, e Lúcia está mais nervosa do que de costume, mas vai tentar se controlar.

O professor se apresenta, é jovem e de boa aparência. Acha que vai gostar dele. O professor diz o seu nome e afirma que está feliz por estar nesta escola, que acredita que serão capazes de aprender muitas coisas juntos. Em seguida, pede-lhes que digam o seu nome e algo de que gostam na escola. Lúcia está se preparando para quando chegar a sua vez, que, se for seguir a ordem alfabética, será na metade do grupo, mas o professor se vira e aponta para ela.

— Comece você, por favor.

Lúcia tenta dizer seu nome e só sai:

— Lu... Lu... Lu...

Sua amiga Clara diz:

— O nome dela é Lúcia e gosta muito de jogar futebol.

Então Berta aproveita e diz:

— Lu... Lu... Lu... hahaha, ela tem um pequeno probleminha...
— todo mundo fica em silêncio.

Clara continua:

— Meu nome é Clara e gosto muito da Lúcia.

— Meu nome é Pedro e gosto de inglês...

Assim segue a conversa, até que todos terminem de se apresentar.

Lúcia está um pouco triste, porque não foi capaz de dizer mais nada durante o restante da aula. Quando saem para o recreio, Berta passa ao seu lado e diz:

— Não sabia que tinha mudado de nome Lulu, hahaha!

As demais também riem e dizem em coro:

— Lulu... lulululu.

Na cabeça de Lúcia, voltam os tempos do primeiro ano, quando ainda não controlava a forma de falar e Berta ria dela. Começa a chorar e Clara procura confortá-la, sem muito sucesso.

Roberto, o professor, ficou pensativo enquanto as crianças saíam para o recreio, após o sinal. Na escola de onde veio, houve um caso de assédio em que, por ninguém ter feito nada, o aluno assediado foi obrigado a deixar a escola, porque o grupo tornou sua vida insuportável. Então disse a si mesmo que, se dependesse dele, aquele caso teria sido gerido de outra forma. Por isso, agora, depois do que aconteceu na sua aula anterior com a apresentação da Lúcia, acredita que deva fazer algo, embora não saiba muito bem o quê, porque ainda não conhece sua nova turma.

Trata-se de estabelecer um marco de reflexão para avaliar que tipo de gestão deve ser conduzido por Roberto em sala de aula no ponto em que se encontra, recém-chegado e sem conhecimento suficiente da turma. Utilizaremos uma reflexão, baseada em uma série de perguntas que deixam em aberto questões sobre as quais o leitor pode se posicionar, avaliando os prós e contras dessas decisões.

Intervenção emergencial

Parece óbvio e lógico ter uma ação emergencial diante do que aconteceu. Mas quais são os elementos necessários a garantir e por quê?

Roberto deve evitar o efeito "bola de neve". Um incidente crítico acontecido em um grupo, especialmente com uma aluna que no passado sofreu um episódio de assédio, mesmo que aparentemente o tenha superado, torna necessária uma intervenção emergencial. Se não for feita tal intervenção no momento exato, porque talvez Roberto não esteja atento, ou ainda não conheça suficientemente o grupo e as pessoas que o compõem, ou não tenha certeza das consequências, podendo até piorar a situação, ou não saiba como abordá-la etc., será preciso escolher outro momento para intervir.

Não deve deixar passar muito tempo; deve pelo menos notificar imediatamente o grupo de que precisam conversar sobre o que aconteceu antes do recreio. Fazendo-o nesse ponto, vai deixar claro para o grupo que existe uma questão pendente e que o incidente não será ignorado. Isso dará tempo a ele para obter mais informações sobre a situação e as pessoas, além de fazer consultas que considere necessárias e preparar o sentido e a mensagem de sua intervenção.

Claro, pode-se pensar que não seja mais necessário: "Roberto deveria ter cortado o mal pela raiz, no exato momento em que Berta zombou de Lúcia". É verdade. No entanto, como o caso pretende ser um exemplo do que acontece quando ocorrem incidentes críticos em um grupo, não devemos subestimar os efeitos de uma intervenção emergencial num caso que não se conhece a fundo, pouco ou nada se sabe sobre os envolvidos e também se ignoram as posições de força de uns e outros perante a situação e diante da intervenção.

Vamos por partes.

As intervenções emergenciais em casos de assédio têm alguns inconvenientes que devem ser considerados. Uma intervenção imediata diante de um fato coloca o adulto numa posição contrária ao assédio perante o grupo que recebe a sua mensagem, o que é positivo.

Mas existem outras repercussões: não permite que o adulto conheça o desenrolar da reação da pessoa interpelada (Lúcia), o apoio ou a resistência a cada uma das partes envolvidas e, mais importante ainda, impede que esse adulto planeje o conteúdo da mensagem a ser transmitida de forma ponderada e a apresente com a máxima precisão e potência ao alvo ou alvos para os quais deve ser dirigida.

Insistimos que, embora estejamos avaliando a gestão deste caso, pode-se pensar em outros mais intensos, ramificados e/ou complexos em que será necessário dar essa resposta emergencial.

Não poder planejar o tempo de resposta é um inconveniente. O tempo e seu controle são fatores importantes diante do assédio. Precipitação e atraso devem ser considerados. Ter tempo para planejar a melhor resposta suscita em Roberto algumas perguntas que deve responder: "Abordo o assunto após o recreio ou apenas os advirto? Recolho mais informações e ajo depois? É melhor conversar na presença da Lúcia ou sem ela no grupo? Que mensagem deve ser explicitada em cada caso? A mensagem deve se concentrar nas pessoas envolvidas ou deve ser para o grupo todo em seu conjunto? Deve-se realizar um trabalho preventivo sobre esse caso ou sobre qualquer outra falta de respeito às diferenças que possa existir?...". Podemos continuar a questionar e responder.

Enfim, ter tempo para planejar a resposta permite defini-la e direcioná-la melhor e, também, possibilita coletar outras informações que possam ser convenientes e/ou necessárias.

Obtenção da informação necessária

Embora Roberto possa explorar o fato de não conhecer seus alunos, e assim não ter favoritismo por ninguém, ele precisa saber o que acontece. Deve entrar em contato e pedir informações de outros adultos (professores, famílias, direção) sobre a situação do grupo e as pessoas envolvidas nesse caso e em outros relacionados. Coletar dados do histórico da situação, da posição da vítima no grupo, das dinâmicas de enfrentamento, de seus apoios; sobre a força, a problemática, o perfil e o apoio daqueles que zombam; sobre a disposição do grupo para enfrentar situações como essa e sobre o trabalho desenvolvido até agora com ele. Com isso, Roberto poderá esboçar um cenário sobre o qual poderá agir com mais precisão.

Para além do caso, isso leva à conclusão de que o assédio deve ser abordado com os grupos de convivência, independentemente de isso acontecer ou não dentro deles. E que a intervenção deve ser planejada e estudada, fazendo-se uma leitura do que ocorre na turma e com as informações fornecidas pelas estruturas de apoio entre iguais que intervêm nela e as disponíveis no mundo dos adultos que a conhecem.

As informações obtidas devem permitir tomar cuidado especial e dar atenção à vulnerabilidade da vítima, ao comprometimento do grupo como um todo e à posição daqueles que agridem e seus apoiadores, direcionando corretamente as mensagens a quem deve recebê-las.

A pessoa adulta deve se fazer conhecer

No caso de Roberto, é importante porque ainda não o conhecem, e precisam saber qual sua posição sobre o tema e como vai se comportar. O seu posicionamento sobre o assédio deve ser conhecido pela turma, especialmente se acontecer alguma coisa. De qualquer forma, seja qual for sua decisão, Roberto precisa deixar claro para a sua classe o que pensa sobre o assédio, e que não o aprova em nenhuma circunstância. Não pode deixar o incidente passar em branco. Em algum momento precisa falar com a turma, e isso pode ser imediatamente ou em alguma outra ocasião. Roberto pode regular as mensagens no momento de urgência e organizar o discurso, de forma que, quando decidir falar de assédio ao seu grupo, tenha todas as garantias informativas e de segurança emocional necessárias para todas as pessoas que o compõem.

Intervenção distanciada

São várias e diferentes as ações sobre os sujeitos e âmbitos sobre os quais intervir, dispondo-se de um horizonte com mais tempo. Além das ações imediatas, quando num grupo se acende a chama do assédio porque ocorre um incidente ou há uma cultura dentro dele que o permite, é necessária uma intervenção mais extensa, planejada, sistemática e de longo prazo, que aborde a tendência de alguns de seus membros e do próprio grupo em provocar essas dinâmicas. Nesse sentido, Roberto deve prever algumas tarefas para si mesmo.

Descobrir as dinâmicas do grupo em face do assédio

Pode não ser a primeira vez que a chacota foi tentada dentro do grupo ou que alguém riu de outro colega por causa de um erro ou uma deficiência. Todos os grupos constroem uma dinâmica a favor ou contra essas situações, por ação ou por omissão. Roberto deve questionar a atitude do grupo em relação às risadas e gozações. Se não conseguir obter informações a partir dos dados disponíveis, deve tentar consegui-las perguntando à turma o que pensa sobre o assunto.

O trabalho de mentoria: respeito às diferenças

O posicionamento diante das diferenças, sejam quais forem, é um ponto de partida para avaliar e construir atitudes em relação a elas. Primeiro nos outros e, a seguir, em si mesmo, porque todos nós as temos.

Todos temos um ponto fraco que nos pode colocar nessa posição de sofrer ridicularização. Roberto sabe e deve decidir o que fazer: centralizar a discussão com a turma sobre o caso da disfemia de Lúcia ou, a partir dele, propor um exercício mais amplo, em que todos possam analisar os seus pontos fracos, os quais podem ser usados para ridicularizar uns aos outros?

Se Roberto decidir se concentrar no incidente de Lúcia para resolvê-lo e acabar com a ridicularização, deve contar com ela e valorizar a sua posição. Também precisa decidir se fala com ela imediatamente ou se seria melhor esperar outro momento, fora da sala de aula. A presença da vítima durante a explicação para o grupo dependerá de vários fatores:

- Sua força pessoal.
- Sua prévia preparação (informada por Roberto) para suportar a tensão que será gerada na conversa.
- Se tem ou não apoio suficiente dentro do grupo.
- Se saberá gerir as possíveis consequências decorrentes da verbalização do debate.
- Dependerá, finalmente, das mensagens que pretenda enviar ao grupo e a quem deseja endereçá-las.

Avaliando tais perspectivas, tomará uma decisão que permita abordar o tema no grupo, protegendo a segurança emocional de Lúcia.

Se, por outro lado, Roberto decidir utilizar o incidente com Lúcia como um ponto de reflexão para realizar uma abordagem mais ampla, precisará envolver todas as pessoas do seu grupo, fazendo-as se sentir desafiadas. Para isso, Roberto terá de garantir vários passos e reflexões:

- Pedir a cada aluno uma lista de seus pontos fracos, aspectos pessoais que qualquer um poderia utilizar para ridicularizá-los.
- Escrever esses pontos fracos e guardar no diário ou no próprio caderno.
- Avaliar se seria justo fazer uso deles para prejudicar alguém.
- Visualizar qual reação pessoal usariam para se defender.
- Adquirir o compromisso individual de agir, caso algo aconteça.
- Pensar no caso de isso acontecer a outras pessoas.
- Avaliar a posição de justiça e ética em relação a outras pessoas que sofrem assédio.
- Assumir um compromisso pessoal com a defesa dessas pessoas e o confronto do agressor.
- Divulgar o compromisso coletivo desse acordo, por meio de um mural na sala, por exemplo.

Conhecimento daqueles que participam diretamente no caso e o que os confronta

Roberto precisa conhecer e sopesar quem está implicado no caso, a intencionalidade e disposição de cada um. Para isso, pode pressionar as pessoas que ele já sabe que estão envolvidas no incidente e sua história, que terão informações interessadas. Além disso, pode confrontar essas informações com as testemunhas do caso: pessoas (colegas e adultos) que sabem o que acontece, que o testemunharam em alguma outra ocasião e que podem fornecer uma informação menos interessada ou objetiva.

No primeiro grupo estariam Lúcia e Berta, seus círculos de apoio, como Clara ou os que porventura Berta tenha, e suas famílias. Parece inevitável uma série de entrevistas. No segundo grupo, o corpo docente que conhece e sabe de suas relações, um aluno ou aluna com autoridade moral na sala de aula, com certa liderança equânime e equilíbrio pessoal, que possa oferecer sentido e objetividade.

Além disso, Roberto também precisa saber o que subjaz no confronto e suas possíveis ramificações ou derivações, se houver, e desvendar os verdadeiros motivos ou necessidades, que em muitos casos de assédio não se manifestam ou estão enterrados pelo peso da história passada ou pela distância e falta de comunicação persistentemente mantida entre as partes.

A informação objetiva e distanciada do caso fornecerá a Roberto pistas de como se manter e o que fazer individualmente e de forma particular com Lúcia, Berta ou Clara. Além disso, em alguns casos oferecerá pistas para a ação coletiva na sala de aula, de forma a proporcionar apoio, confrontar ou somar esforços em determinada direção: a vítima, o agressor, o grupo ou o contexto de risco.

O trabalho com Lúcia

Lúcia conseguiu evoluir e tem um histórico de superação do seu problema de disfemia, que colateralmente tem a ver com a tentativa de assédio sofrida. Ela precisa de calma e deve-se evitar que seja submetida a momentos de estresse que podem levá-la a duvidar de si mesma e de sua capacidade de controle. Por isso, precisa de confiança, e isso será dado a ela, de forma privada e em público, sempre que for possível e houver condições.

Privadamente, seus esforços podem ser apoiados, para demonstrar que ela tem pessoas a seu lado e que os dois problemas que enfrentou (disfemia e assédio) são superáveis.

Pode-se dar a ela confiança através do discurso e das mensagens que lhe forem transmitidas. São fundamentais o calor humano e a proximidade, para que não se sinta julgada, exigida ou criticada. Enfrentar as questões de forma positiva, com encorajamento e parabenizando sua coragem de estar lutando contra os problemas, transmitindo-lhe fortaleza e empatia. Utilizar sua própria linguagem, respeitar seus medos ou ampliar expectativas e esperanças são habilidades desejáveis que dão confiança a Lúcia, e que Roberto deve incorporar em seu discurso quando a encontrar.

A segunda luta de Roberto com Lúcia será evitar a culpabilização. Isso é menos fácil. A tendência da vítima é atribuir culpa a suas diferenças externas (Olweus, 2017) para justificar o assédio, especialmente quando ele se prolonga (Avilés, 2015). A mensagem de Roberto deve ser sempre a de que nenhuma diferença jamais justifica o assédio e que ela deve ser a primeira a acreditar nisso. É sempre aquele que agride o culpado por seus atos, especialmente quando não se justificam nem têm argumento razoável, uma vez que se baseiam na ridicularização e na produção de danos.

A partir daqui o trabalho de Roberto com Lúcia e com a turma é *de aceitação das diferenças* – as próprias e as dos outros (trabalho referenciado anteriormente no grupo).

O próximo passo de Roberto é *que Lúcia valorize o apoio daqueles que a amam e a aceitam como é*. Terá de explicitar as sensações e experiências nesse sentido, construindo um círculo ativo de emotividade dirigido a Lúcia, até ela conseguir se sentir merecedora de aceitação. Isso garantirá a sensação de efetividade nas pequenas conquistas que obtiver.

Como o grupo de colegas é diferente entre si, é preciso trabalhar também esse aspecto com Lúcia. Roberto poderá empregar *estratégias de prevenção e exposição* até que existam garantias suficientes de enfrentamento da situação estressante. Lúcia deve aprender a se proteger escolhendo e sendo exigida em situações seguras e tranquilas para se testar. Evitar situações de risco em que Berta ou outros colegas possam agir. A partir de si mesma, do seu grupo de colegas mais próximos e dos adultos deve-se favorecer essa proteção. Isso minimizará as experiências de fracasso em sua empreitada.

Em público, tanto os adultos que convivem com Lúcia quanto o apoio do grupo devem colaborar *para reforçar a sua imagem social* (consideração e *status* social), de forma razoável e positiva para ela.

Devem ser utilizados *os momentos para brilhar* (Avilés, 2015) fazendo uso da palavra oral em grupos pequenos e em plenário, com um discurso pausado e combinado previamente. E isso deve ser feito sem pudor ou relutância e sempre com a concordância de Lúcia. Evitar artificialismos e tolices. O objetivo será reposicionar o prestígio e o *status* de normalidade de Lúcia no grupo.

Implementar o apoio da Clara

Parece que é um apoio conquistado por Lúcia, por isso devemos trabalhar com ela a ampliação do círculo de apoio à menina. Sua função é dar visibilidade ao fato de que Lúcia não está sozinha e defender sua posição em face de questionamentos de outros colegas; isso, ainda, cumprirá uma função de compensação e suporte emocional a Lúcia em momentos de fraqueza ou dificuldades. Será também uma fonte de confiança e apoio para ela em suas dúvidas.

A entrevista com Berta

Com Berta é preciso analisar algumas questões a fim de reverter a tendência de ridicularizar Lúcia (cessação do assédio) e ganhá-la no compromisso da reconstrução das relações e de sua atuação no grupo (normalização):

- *Analisar os fatos: reconhecimento do dano e admissão da autoria. Possibilidade de usar o erro como oportunidade. Avaliação da regra.* Embora diferentes aspectos sejam agrupados, no contato com Berta deve-se tentar fazer com que ela tome consciência do que aconteceu, do que fez e das consequências que produziu em Lúcia e no grupo, a fim de que reconheça que houve dano e que foi a responsável por ele. Será dada a ela a possibilidade de perceber o erro de conduta, mas sempre com a possibilidade de redirecioná-la e observando que a regra permite exercitar a correção mediante a aplicação de consequências.

- *Avaliação de condicionantes favorecedoras ou provocativas (procurar um histórico de causalidades, se houver).* Nesta etapa, Berta deve ser confrontada e/ou facilitar as condicionantes de situação que puderam favorecer que acontecesse daquele modo e não de outra forma, bem como ser questionada sobre a existência de provocações que desencadearam essas reações ou se há um histórico de tensão anterior não resolvida que convém trazer à tona para ser abordada e resolvida.

- *Reconhecimento das emoções em ambas as partes.* O plano emocional ocorre para nomear os sentimentos produzidos nela mesma, naquele momento, mediante algum suporte que os possa representar (desenho-imagem-texto) e, a seguir, o mesmo exercício deve ser feito com outras pessoas (Lúcia e/ou outros membros do grupo). Aqui se prepara o trabalho de empatia e abre-se o campo de uma potencial possibilidade de reparação do acontecido – trabalho este que poderá ser adotado mais tarde com a admissão de algum tipo de tarefa ou ação.
- *Pontos críticos e de confronto.* Após a descarga emocional, é conveniente visualizar os elementos de choque e contrastar a diferença de discursos entre Berta e Lúcia. O discurso usado por aquele que agride (defesa, justitificativa, negação, minimização...), mantendo uma postura de imobilidade, e os de outras pessoas do grupo, Lúcia, Roberto e a turma, em face do que aconteceu. Nesse ponto, Berta pode manter a sua postura ou esboçar sinais de mudança. Em qualquer caso, deve estar ciente das consequências e justificativas morais que possa utilizar. E essa decisão depende dela e das circunstâncias que lhes são oferecidas. Aqui, Roberto precisa ser flexível e

deixar sempre "a porta entreaberta", a fim de que possa sair da situação com dignidade e enfrentar no futuro alguma medida que não seja a aceitação pura e simples das consequências da regra – a punição. É o momento de trazer Berta para o terreno da preocupação (Pikas, 1989) e do compromisso em resolver o caso, de forma a fazer algo para melhorar a posição de Lúcia no grupo e poder ajudá-la na superação do seu problema.

- Esse momento crítico deve ser oferecido àqueles que agridem conscientemente, de forma a que tentem resolver os pontos de apego às próprias ideias, e que costumam ser culpabilizados e julgados com antecedência, para que não se perca o poder de desmontar o próprio assédio caso mudem de posição.
- *Alternativas. Possíveis acordos.* Após a sessão anterior, apontam-se alternativas em uma direção ou em outra. Roberto deve provocar um cenário em que Berta "imagine a próxima vez" e pense se "poderia agir de outro modo". A partir dessa reflexão e debate, pode surgir algum tipo de compromisso da parte de Berta que deve ser aproveitado para configurar alguma forma de reparação para Lúcia e/ou a sua reputação no grupo. Nesse sentido, a presença no horizonte da aplicação da regra pode ajudar Berta a ponderar positivamente.

Ações com o grupo

Roberto terá de avaliar o grupo, parcialmente ou em sua totalidade, e deve refletir sobre duas questões importantes:

- *Sobre as explicações dadas sobre o que está ocorrendo e por quê.* Nesse sentido, é conveniente fazer uma rota de conexões e desconexões morais que o grupo realiza (cada um dos seus integrantes) e explicar o que acontece: justificativa, minimização, culpabilização, alteração da responsabilidade etc. Convém deixá-los falar, registrar as frases que dizem, para, em seguida, ter a oportunidade de analisá-las sem a pretensão de ofender ou envergonhar, mas sim para que aprendam e tomem consciência do que pensam e como podem corrigir-se, caso não seja algo adequado ou razoável. Nesse sentido, é conveniente que Roberto utilize o glossário de exonerações que alguém de tempos em tempos utiliza para justificar ou distanciar-se dos casos de assédio. "É que ela é meio estranha"; "Não me surpreende que isso aconteça com ela, com as coisas que diz"; "Não tinha tanta importância!"; "Ela merece, é muito fresca"; "Ah, eu não sei de nada, meu colega é que começou a rir e eu ri também". Tais desconexões morais são frequentes e nem sempre conscientes entre os alunos, quando se posicionam diante de um caso que conhecem de perto.

Por isso é tão importante refletir com o grupo para desvendar até o último ponto o que significa apropriar-se dessas desconexões e os modelos usados como suporte, porque, quando visualizadas, são muito mais difíceis de ser sustentadas, ou, caso se sustentem, será de forma consciente e responsável, com tudo o que acarretam.

- A segunda tarefa a realizar com o grupo é transformar *as posições de desconexão moral em posições de conexão*;

melhor se forem coletivas e organizadas do que deixar como meras posições individuais, porque terão mais força. Para esse trabalho, é indispensável o apoio de Roberto. Será Roberto e seu grupo que, juntos, farão uma reflexão para tentar entender que não podem permanecer impassíveis perante a injusta versão do que acontece. Desse modo, podem assumir a posição de ajudar a vítima, organizar-se e reagir quando algo semelhante acontecer, ou até se vier a ocorrer com qualquer um deles.

- Desse modo, constrói-se a coesão do grupo, o sentido de pertença a uma identidade da sala e se oferecem diretrizes para a organização na defesa coletiva de qualquer um que no futuro possa se tornar vítima de *bullying*.

Ações com a tutoria

É o momento das mensagens construídas e pensadas com tempo pelos adultos. O trabalho de respeito às diferenças será o primeiro momento e o fórum adequado para expor a sensibilidade de correção do grupo para tolerar ou não o abuso com relação a Lúcia. O que Roberto fizer, por um lado, ajudará a conscientizar cada um da sua própria diversidade e de sua posição como possível e futura vítima de assédio, e, por outro, exaltará e mobilizará posturas de ajuda a favor das pessoas (Lúcia) que podem ver-se nessa situação.

Também é aconselhável recorrer aos assistentes de sala de aula. A existência de estruturas formais no grupo, treinadas para ajudar, facilitará o trabalho de Roberto. Permitirá que Lúcia tenha um apoio a partir do qual construir a sua recuperação e suporte grupal. Roberto, ou quem desempenhe a tutoria de convivência, deve dialogar com os assistentes para que prestem assistência a Lúcia enquanto ela precisar.

A atitude grupal é importante. Além da recuperação e do apoio para Lúcia, Roberto deve aproveitar para que a atitude do próprio grupo cresça e se fortaleça diante de pessoas frágeis e que podem vir a ser assediadas. Trata-se de tornar coeso um posicionamento coletivo da classe em face dos mais frágeis, adotando um compromisso estabelecido em grupo. Esses compromissos, registrados em cartazes e murais na sala de aula, devem ser avaliados regularmente por Roberto e também pelos demais professores e a equipe docente, que devem ser previamente informados de sua adoção. Portanto, deverá mencioná-los ao avaliar o ambiente da sala de aula e a relação dos colegas de turma.

Ações com a equipe do corpo docente

Em primeiro lugar, *informação do incidente e plano de ação.* O corpo docente que leciona para o grupo deve saber o que acontece com Lúcia para apoiar as ações de defesa e impedir que ocorram novamente. O método pode ser o caderno de ocorrências (Avilés, 2012) ou o diário da equipe educacional (Vaello e Vaello, 2012), ou uma reunião convocada para esse fim. De qualquer forma, todos os professores devem agir de um mesmo modo e estar atentos para que a bola de neve não cresça.

E, em segundo lugar, *informação do processo realizado e dos acordos adotados.* A equipe educacional deve ser mantida informada sobre os acordos firmados e o andamento do caso, bem como sobre o resultado e sua conclusão, para que tenham informação atualizada sobre sua evolução. Entender o procedimento realizado em um caso pode compreender seu progresso e resultado. Nesse sentido, devem ser incluídos nos documentos e anotações das pessoas que intervêm ou na memória dos órgãos atuantes (tutor, convivência, equipes de apoio...), dependendo de quem tem um peso mais decisivo, o percurso realizado no caso, os acordos firmados e as atitudes e posições dos personagens mais representativos ao longo do percurso. Reler essas anotações talvez ajude, no futuro, a melhorar outros casos, ou este mesmo e seus personagens, caso haja uma evolução posterior.

Ações com as famílias diretamente afetadas. Solicitação de apoio

Roberto deve entrar em contato com as famílias das alunas diretamente envolvidas, porque precisa do apoio delas para resolver a evolução do caso. Nesse sentido, sua intenção deverá ser a de alcançar seu envolvimento na orientação correta, o que poderá evitar a culpabilização ou o julgamento prévio da situação. Deve transmitir-lhes, seja à família da vítima, seja à de quem agride, a preocupação e a necessidade de que sigam numa mesma direção para conseguir modificar atitudes e ações negativas e reconstruir as relações abaladas, de modo que sejam respeitosas no futuro.

Deve concentrar a sua intervenção no plano educacional e moral das ações a curto e longo prazo. A curto prazo, porque é necessário ajudar a resolver um incidente que não deve aumentar. E, a longo prazo, mais do que reconhecer a importância do incidente, deve procurar fazer com que as famílias o entendam a partir da necessidade de abordá--lo educacionalmente com as meninas, entender como pode afetá-las social e moralmente, dependendo das decisões que tomarem e das atitudes que adotarem em relação a valores como o respeito às diferenças, deficiências e dificuldades de outras pessoas. Nesse sentido, por exemplo, o apoio da família de Berta para ajudá-la a ver as coisas de uma perspectiva moralmente adequada é fundamental e definidor. Se a família se alinhar numa posição de lealdade educacional, Berta não terá argumentos para usar como desculpa ou minimização e a fará comprometer-se no reconhecimento do dano e na proporção de uma reparação adequada.

No caso de Lúcia, a percepção da família lhe dará apoio para continuar lutando pela superação de suas dificuldades, para enfrentar a situação com resiliência, com a sensação de supervisão da qual necessita. No caso de Clara, o papel da família é decisivo para garantir a ela que está certa em apoiar Lúcia, embora inicialmente tenha sido a única a defendê-la e seja identificada como defensora da vítima. Estar desse lado significa assumir um valor de defesa dos fracos e de luta contra a injustiça de uma agressão injustificada.

Por outro lado, as famílias têm todo o direito de conhecer o procedimento e as decisões tomadas na escola para ajudar a resolver o caso, bem como de ter informações sobre as atitudes de suas filhas nesse processo educacional. Isso ajudará na intervenção de forma coordenada no ambiente familiar para auxiliar a resolvê-lo também.

Muitos casos de assédio carecem de uma necessária colaboração com as famílias, por não se respeitar os procedimentos de informação e comunicação com elas, o que favorece a construção de relatos paralelos, inexatos ou equivocados, que não fazem mais do que predispor e contaminar atitudes pouco favoráveis para a resolução dos casos.

Para saber mais

Livros de fundamentação

AVILÉS, J. M. (2006). *Bullying: el maltrato entre iguales. Agresores, víctimas y testigos en la escuela*. Salamanca: Amarú.
MÉDEZ, I. (2013). *Perfiles de riesgo en la adolescencia asociados al bullying*. Murcia: Publicia.
OLWEUS, D. (1998). *Conductas de acoso y amenaza entre escolares*. Madrid: Morata.
ORTEGA, R. (coord.) (2010). *Agresividad injustificada, bullying y violencia escolar*. Madrid: Alianza.
_____; MORA-MERCHÁN, J. A. (2000). *Violencia escolar: Mito o Realidad*. Sevilla: Mergablum, Edición y Comunicación.
OVEJERO, A.; SMITH, P.; YUBERO, S. (2015*). El acoso escolar y su prevención. Perspectivas internacionales*. Madrid: Biblioteca Nueva.

Livros práticos

AVILÉS, J. M. (2015). *Proyecto Antibullying. Prevención del bullying y el cyberbullying en la comunidad educativa*. Madri: CEPE.
BISQUERRA, R. (Coord.) (2014). *Prevención del acoso escolar con Educación Emocional*. Bilbao: Desclée de Brouwer.
CEREZO, F.; CALVO, A.; SÁNCHEZ, C. (2011). *Intervención psicoeducativa y tratamiento diferenciado del bullying*. Madrid: Pirámide.
COWIE, H.; DAWN, J. (2007). *Managing violence in schools*. London: PCP.
SERRATE, R. (2007). *Guía para entender y prevenir el fenómeno de la violencia en las aulas. Bullying o Acoso Escolar*. Madrid: Laberinto.
TERUEL, J. (2007). *Estrategias para prevenir el bullying en las aulas*. Madrid: Pirámide.

Contos

Para crianças com mais de 3 anos:
AVER, J. (2003). *Cuando no te dejas influir.* Madrid: San Pablo.
DE KINDER, J. (2015). *ROJO o por qué el bullying no es divertido.* Barcelona: Tramuntana.
GIDALI, O. (2016). *Nuna sabe leer la mente.* Barcelona: Bira-Biro.
IBARROLA, B. (2008). *El club de los valientes.* Madrid: SM.
JACKSON, J. (2003). *Cuando se meten conmigo: cómo hacer frente a los abusones.* Madrid: San Pablo.
JÓNSDÓTTIR, A., HELMSDAL, R. y GÜETTER, K. (2014). *Monstruo pequeño dice ¡No!* Pontevedra: Sushi Books.

Para crianças de 6 a 12 anos:
AA.VV. (2008). *Reírme contigo, nunca de ti.* Pamplona: Gobierno de Navarra.
ALONSO ELVIRA, M. N. (2016). *Uno mais na escola.* Americana: Adonis.
CHAMBERS, R. (2011). *Reto en el colegio.* Madrid: Ed. Noguer.
CORTÉS, J. y DÍAZ, R. (2017). *Qué le pasa a Nicolás.* Madrid: Ed. NubeOCHO.
DÍAZ, R. (2017) *Qué le pasa a Uma.* Madrid: Ed. NubeOCHO.
REDONDO, C. (2015). *Cortocircuito.* Madrid: CEAPA.
ROCA, E. y LOSANTOS, C. (2015). *Pim, Pam, Pum.* Barcelona: Bambú.
TELGEMEIER, R. (2016). *¡Sonríe!* Madrid: Maeva Young. [Ed. bras.: *Sorria!* São Paulo: Devir, 2015.]

Para crianças de mais de 12 anos:
BORRÁS, A. (2010). *Nata y chocolate.* Madrid: Anaya.
DE MAEYER, G. y VANMECHELEN, K. (2016). *Juul.* Salamanca: Lóguez.
PALACIO, R. J. (2017). *Wonder. La lección de August.* Barcelona: Nube de Tinta. [Ed. bras.: *Extraordinário.* 1. reimpr. Rio de Janeiro: Intrínseca, 2017.]

Videocontos

A decisão de Marina. Smile and Learn. On-line: https://www.youtube.com/watch?v=s2UuZcmteFE
O pássaro calvo. On-line: https://www.youtube.com/watch?v=mZtW-20jtiig
Superdog. On-line: https://www.youtube.com/watch?v=VOzc9GF--OYw

Vídeos

A lei do silêncio: https://www.youtube.com/watch?v=6yw99laaK9k
"Bullying" (Curta-metragem vencedor da primeira competição de violência escolar): https://www.youtube.com/watch?v=Mp-8gRAWWqI
Bullying a Marius: https://www.youtube.com/watch?v=cFizTuA9M5w
Friends. E-mobbning: https://www.youtube.com/watch?v=-lHiJZk5rcA
Friends. Fula Ord: https://www.youtube.com/watch?timecontinue=1&v=pC-yqGhlpQM
Friends. Osyinlig: https://www.youtube.com/watch?v=F2Fo6C6RQnM
Friends. Som på högstadiet: https://www.youtube.com/watch?=1&v=-Fw1o8DE4wpk
Friends. Vägen till skolan: https://www.youtube.com/watch?=1&v=-QXowcrBZPjA
Hardord (maltrato psicológico): https://www.youtube.com/watch?v=gzg6pWacmG4
O encarregado: https: //www.youtube.com/watchtime_continue=16&v=WgiB06NNo5E
O garoto de cabelo vermelho: https://www.youtube.com/watch?v=By3GNhGXFNo
O perfume do assédio: https://www.youtube.com/watch?timecontinue=2&v=O3mG0twDmHU
Primeiro labirinto: https://www.youtube.com/watch?v=zrYa9DGka88
Rir com o bullying te transforma em cumplice (47"): https://www.youtube.com/watch?v=Yi9Pbax_jMY

Filmes

(Alguns destes filmes servem para trabalhar o assédio entre iguais)
Ari Sandel. *The Duff*, 2015. (Bra: *D.U.F.F. Você conhece, tem ou é*)
Bonni Cohen; Jon Shenk. *Audrie & Daisy*, 2016. (Bra: *Audrie e Daisy*)
Brian Ging. *American Yearbook*, 2004.
Charles Binamé. *Cyberbully*, 2011. (Bra: *Bullying virtual*)
Dennis Gansel. *Die Welle*, 2008. (Bra: *A onda*)
Francisco Espada. *El país del miedo*, 2015.
Gus Van Sant. *Elephant*, 2003. (Bra: *Elefante*)
Henry Alex Rubin. *Disconnect*, 2012. (Bra: *Os Desconectados*)
Ilmar Raag. *Klass*, 2007. (Bra: *A classe*)
José Corbacho, Juan Cruz. *Cobardes*, 2008. (Bra: *Covardes*)
Josetxo San Mateo. *Bullying*, 2009. (Bra: *Bullying: provocações sem limites*)
Kimberly Pierce. *Carrie*, 2013. (Bra: *Carrie*)
Lee Daniels. Precious, 2010. (Bra: Preciosa: uma história de esperança)
Lee Hirsch. *Bully*, 2011. (Bra: *Bullying*)
Mimi Leder. *Pay it Forward*, 2000. (Bra: *A corrente do bem*)
Nic Balthazar. *Ben X*, 2007.
Shunji Iwai. *All about Lily Chou-Chou*, 2001. (Bra: *Tudo sobre Lily Chou Chou*)
Todd Solondz. *Welcome to the Dollhouse*, 1995. (Bra: *Bem-vindo à casa de bonecas*)

Canções

Algunos hombres buenos (SDFK), no álbum "Tesoros y Caras B", 2010.
Born this way (Lady Gaga), no álbum "Born this way", 2011.
El último de la fila (Bazzel), no álbum "La última nota", 2006.
La triste historia del vecino de arriba (Chojin), no álbum "El ataque de los que observan", 2011.
Nothin' but time (Cat Power), no album "Atlanta, Sun", 2012.
Popular Song (Mika com Ariana Grande), no álbum "The Origin of Love", 2012.
Run (Furious Monkey House), da campanha da Fundação ANAR, 2016.

Se buscan valientes (El Langui), da campanha mediática de Mediaset, 2016.
Tras los libros (Kiko y Shara), no álbum "Kiko & Shara", 2006.

Páginas da web sobre o *bullying*

Conselhos para famílias sobre assédio em *Save the Children*: https://www.savethechildren.es/

Contra a discriminação, o racismo, a xenofobia e a exclusão: http://www.nohate.es/

Contra o *bullying* homofóbico: http://www.itgetsbetter.es/

http://bullying.cat

Internet Segura for Kids (IS4K) – https://www.is4k.es/de-utilidad/materiales-didacticos – o objetivo consiste na promoção do uso seguro e responsável de internet e das novas tecnologias.

Orientações para pais e mães para evitar o assédio escolar: https://www.anar.org/prevenir-bullying/

Secretariado Cigano. Comunidade, ciberassédio e tecnologia: materiais educativos para famílias e para jovens. http://gitanos.org/yopongolimites/

Sites internacionais

Antibullying Alliance: https://www.anti-bullyingalliance.org.uk/
Antibullying Promoting Awareness: http://www.anti-bully.co.uk/
Bullying at school: https://www.gov.uk/bullying-at-school
Bullying Canada: https://www.bullyingcanada.ca/
Bullying. Not Way!: https://bullyingnoway.gov.au/
ChildLine: https://www.childline.org.uk/
Childnet International: https://www.childnet.com/
PREVNet: https://www.prevnet.ca/bullying
Stand up to bullying: http://standuptobullying.co.uk/
The Joan Ganz Cooney: guia familiar para trabalhar os apps com os filhos e filhas.

Referências bibliográficas

ALMEIDA, A., CORREIA, I.; MARINHO, S. (2010). Moral disengagement, normative beliefs of peer group, and attitudes regarding roles. En bullying. *Journal of School Violence*, 9 (1), 23-36.

ALONSO, M. N. (2016). *Um a mais na escola*. Americana: Adonis.

ALONSO, F.; AVILÉS, J. M. (2012). Os acordos de reeducação como instrumento preferente de resolução das situações de indisciplina escolar. In: PAIS, J. L.; LEAL, I.; PEREIRA, A.; TORRES, A.; DIREITO, I.; VAGOS, P. (eds.). 9o Congreso de Psicología da Saúde. Aveiro: Placebo, pp. 400-406.

AVILÉS, J. M. (2002). La intimidación entre iguales (*bullying*) en la Educación Secundaria Obligatoria. Validación del Cuestionario CIMEI y estudio de incidencia. Tesis doctoral no publicada. Universidad de Valladolid.

_____ (2003a). *Bullying. Intimidación y maltrato entre el alumnado*. Bilbao: STEE EILAS.

_____ (2006). *Bullying: el maltrato entre iguales. Agresores, víctimas y testigos en la escuela*. Salamanca: Amarú.

_____ (2012). *Manual contra el bullying. Guía para el profesorado*. Lima: Libro Amigo.

_____ (2013a). Análisis psicosocial del *cyberbullying*. Claves para una educación moral. *Papeles del psicólogo*, 34, (1), 65-73.

_____ (2013b, abril). Bullying y cyberbullying: apuntes para la elaboración de un Proyecto Antibullying. *CONVIVES*, 3 (1), 4-15. En línea: <http://convivenciaenlaescuela.es/?page_id=541> (extraído el 14 de abril de 2014).

_____ (2015). *Proyecto Antibullying*. Madri: CEPE.

_____ (2017a). Los Sistemas de Apoyo entre Iguales (SAI) y su contribución a la convivencia escolar. *Innovación Educativa*, 27, 5-18.

_____ (2017b). Convivencia: a strategy that prevents school *bullying* and promotes emotional health and well-being. In: COWIE, H.; MYERS, A.-M. (eds.). *School Bullying and Mental Health: Risks, Intervention and Prevention*. London: Routledge.

_____ (2018a). *Educar en las redes sociales. Programa preventivo PRIRES*. Bilbao: Desclée de Brouwer.

_____ (2018b). *Los Sistemas de Apoyo entre Iguales en la escuela. De los Equipos de Ayuda a la Cibermentoría*. Americana: Adonis.

_____; ELICES, J. A. (2007). *Insebull, instrumentos para la evaluación del bullying*. Madri: CEPE.

_____; GARCÍA BARREIRO, J. (2016, julio). Cibermentores. En línea: <http:// convivenciaenlaescuela.es/> (extraído el 16 de octubre de 2016).

_____; NOTÓ, C. (2017). Indicadores para evaluar en positivo. *Cuadernos de Pedagogía*, 480, 32-36.

_____; PETTA, R. (2018). Los Sistemas de Apoyo entre Iguales (SAI) para el fomento de la convivencia en positivo, la mejora del clima de aula y la prevención de situaciones de *bullying*. La experiencia de Brasil y de España. *European Journal of Child Development, Education and Psychopathology*, 6, (1) 5-17. doi:10.30552/ejpad.v6i1.58.

_____; TORRES, N.; VIAN, M. V. (2008). Equipos de ayuda, maltrato entre iguales y convivencia escolar. *Electronic Journal of Research in Educational Psychology*, 6 (3) 357-376. Universidad de Almería: Instituto de Orientación Psicológica.

_____; GARCÍA, N.; MATEU, F. (2012). Tutores/as de convivencia, nuevos perfiles profesionales y educativos para la resolución de los conflictos en la escuela. In: PAIS, J. L.; LEAL, I.; PEREIRA, A.; TORRES, A.; DIREITO, I.; VAGOS, P. (eds.). 9o Congreso de Psicología da Saúde. Aveiro: Placebo, pp. 770-777.

BANDURA, A. (1999). Moral disengagement in the perpetration of inhumanities. *Personality and Social Psychology Review*, 3 (3), 193-209. doi: 10.1207/s15327957pspr0303_3.

_____ (2002). Selective moral disengagement in the exercise of moral agency. *Journal of Moral Education*, 31 (2), 101-119. doi: 10.1080/0305724022014322.

BANDURA, A; CAPRARA, G. V.; BARBARANELLI, C.; PASTORELLI, C. (2001). Sociocognitive self regulatory mechanisms governing transgressive behavior. *Journal of Personality and Social Psychology*, 80 (1), 125-135. doi: 10.1037/0022-3514.80.1.125.

BARON-COHEN, S. (2003) *The Essential Difference: men, women and the extreme male brain*. London: Penguin. [Ed. bras.: *Diferença essencial: a verdade sobre o cérebro de homens e mulheres*. Rio de Janeiro: Objetiva, 2004.]

BESAG, V. (1989). *Bullies and Victims in Schools*. London: Open University Press.

BOQUÉ, C. (2005). *Tiempo de mediación*. Sevilla: Consejería de Educación de la Junta de Andalucía.

_____ (2009). *Construir la paz. Transformar los conflictos en oportunidades*. Alicante: CAM.

_____ (2018). *La mediación va a la escuela. Hacia un buen plan de convivencia en el centro*. Madri: Narcea.

BUELGA, S.; CAVA, M. J.; MUSITU, G. (2012). Reputación social, ajuste psicosocial y victimización entre adolescentes en el contexto escolar. *Anales de Psicología*, 28 (1), 180-187.

CEREZO, F.; MÉNDEZ, I. (2013). Agresores en *bullying* y conductas antisociales. *European Journal of Investigation in Health, Psychology and Education*, 3, (1), 5-14.

COOK, C.; WILLIAMS, K. R.; GUERRA; N. G.; KIM, T.; SADEK, S. (2010). Predictors of *bullying* and victimization in childhood and adolescence: A meta-analytic investigation. *School Psychology Quarterly*, 25, 65-83. doi: 10.1037/a0020149.

COWIE, H.; JENNIFER, D. (2007). *Managing violence in schools. A whole-school approach to best practice*. London: PCP.

_____; MYERS, A.-M. (2017). *School Bullying and Mental Health: Risks, Intervention and Prevention*. London: Routledge.

CÓRDOVA, A.; RAMÓN, E.; JIMÉNEZ, K.; CRUZ, C. (2012). *Bullying* y consumo de drogas. *Revista de Psicología Universidad de Antioquia*, 4 (2), 21-48. En línea: <http://pepsic.bvsalud.org/scielo.php?script=sci_arttext&pid=S2145=48922012000200003-&lng=pt&tlng-es> (extraído el 2 de marzo de 2018).

DÍAZ-ATIENZA, F.; PRADOS, M.; RUÍZ-VEGUILLA, M. (2004). Relación entre las conductas de intimidación, depresión e ideación suicida en adolescentes. Resultados preliminares. *Revista de psiquiatría y psicología del niño y del adolescente*, 2004, 4(1); 10-19.

ESPELAGE, D. L.; HONG, J. S.; RAO, M. A.; THORNBERG, R. (2015). Understanding ecological factors associated with *bullying* across the elementary to middle school transition in the United States. *Violence and Victims*, 30, 470-487 doi:10.1891/0886-6708. VV-D-14-00046.

ESTÉVEZ, E.; MARTÍNEZ, B.; MUSITU, G. (2006). La autoestima en adolescentes agresores y víctimas en la escuela: La perspectiva multidimensional. *Psychosocial Intervention* (15), 2, 223-232.

FARMER, T. W.; PETRIN, R.; BROOKS, D. S.; HAMM, J. V.; LAMBERT, K.; GRAVELLE, M. (2012). *Bullying* involvement and the school adjustment of rural students with and without disabilities. *Journal of Emotional and Behavioral Disorders*, 20, 19-37. doi: 10.1177/1063426610392039.

GARAIGORDOBIL, M. (2017). Conducta antisocial: conexión con *bullying/cyberbullying* y estrategias de resolución de conflictos. *Psychosocial Intervention*, v. 26, (1), 47-54.

GARAIGORDOBIL, M.; MARTÍNEZ-VALDERREY, V.; ALIRI, J. (2015). Autoestima, empatía y conducta agresiva en adolescentes víctimas de *bullying* presencial. *European Journal of Investigation in Health, Psychology and Education*, 3, (1), 29-40.

GINI, G.; POZZOLI, T.; HYMEL, S. (2014). Moral disengagement among children and youth: A meta-analytic review of links to aggressive behavior. *Aggressive Behavior*, 40, 56-68. doi: 10.1002/ab.v40.1.

HAAVET, O. R.; STRAAND, J.; HJORTDAHL, P.; SAUGSTAD, O. D. (2005). Do negative life experiences predict the health-care--seeking of adolescents? A study of 10th-year students in Oslo, Norway. *Journal of Adolescent Health*, 37 (2), 128-134

HANSBERRY, B. (2016). *Restorative practice in schools. Theory, skills and guidance*. London: JKP.

HERRERA, M.; ROMERA, E.; ORTEGA, R. (2018). *Bullying y cyberbullying* en Latinoamérica. Un estudio bibliométrico. *Revista Mexicana de Investigación Educativa*, 23, (76), 125-155.

HOLT, M. K.; VIVOLO, K. A. M.; POLANIN, J. R.; HOLLAND, K. M.; DEGUE, S.; MATJASKO, J. L.; REID, G. (2015). *Bullying* and suicidal ideation and behaviors: A meta-analysis. *Pediatrics*, 135, 496-509. doi: 10.1542/peds.2014-1864.

JUVONEN, J.; GRAHAM, S. (2014). *Bullying* in schools: The power of bullies and the plight of victims. *Annual Review of Psychology*, 65, 159-185. doi: 10.1146/ annurev-psych-010213-115030.

KALTIALA-HEINO, R.; RIMPELA, M.; MARTTUNEN, M.; RIMPELA, A.; RANTANEN, P. (1999). *Bullying*, depression, and suicidal ideation in finnish adolescents: school survey. *British Medical Journal*, 319, 348-351.

_____; RIMPELA, M.; RANTANEN, P.; RIMPELA, A. (2000). *Bullying* at school: an indicator of adolescents at risk for mental disorders. *Journal of Adolescence*, 23, 661-674.

KUNTSCHE, E.; KNIBBE, R.; ENGELS, R.; GMEL, G. (2007). *Bullying* and fighting among adolescents — Do drinking motives and alcohol use matter? *Addictive Behaviors,* 32, (12), 3131-3135, doi:10.1016/j.addbeh.2007.07.003.

LEE, C. (2004). *Preventing bullying in schools. A guide for teachers and other professionals.* London: Paul Chapman Publishing.

LEREYA, S. T.; SAMARA, M.; WOLKE, D. (2013). Parenting behavior and the risk of becoming a victim and a bully/victim: A meta-analysis study. *Child Abuse & Neglect*, 37, 1091-1108. doi: 10.1016/j.chiabu.2013.03.001.

MAINES, B.; ROBINSON, G. (1998). *All for Alex. A Circle of Friends.* Bristol: Lucky Duck Publishing (video y manual).

MARCHUETA, A. (2014). Consecuencias del *bullying* homofóbico retrospectivo y los factores psicosociales en el bienestar psicológico de sujetos LGB. *Revista de Investigación Educativa*, 32, (1), 255-271.

MATEU-MARTÍNEZ, O.; PIQUERAS, J. A.; RIVERA-RIQUELME, Espada J. O.; ORGILÉS, M. (2014). Aceptación /rechazo social infantil: relación con problemas emociones e inteligencia emocional. *Avances en Psicología,* 22, (2), 205-213.

MCDOUGALL, P.; VAILLANCOURT, T. (2015). Long-term adult outcomes of peer victimization in childhood and adolescence: Pathways to adjustment and maladjustment. *American Psychologist*, 70, 300-310.

MENESINI, E.; CAMODECA, M. (2008). Vergonha e culpa como reguladores de comportamento: as relações com o *bullying*, vitimização e comportamento pró-social [Shame and guilt as behaviour regulators: Relationships with *bullying*, victimization and prosocial behaviour]. *British Journal of Developmental Psychology*, 26 (2), 183-196. doi: 10.1348/026151007X205281

MONJAS, M. I.; AVILÉS, J. M. (2006). *Programa de sensibilización contra el maltrato entre iguales*. Valladolid: Junta de Castilla y León.

OLWEUS, D. (1978). *Aggression in the schools: Bullies and whipping boys*. New York, NY: Hemisphere Publishing.

_____ (1993). *Bullying: What we know and what we can do*. Oxford: Basil Blackwell.

_____ (1998). *Conductas de acoso y amenaza entre escolares*. Madri: Morata.

_____ (2017). *School bullying: Historical glimpses and basic facts*. Ponencia presentada *en 6th ENSEC Conference*, Stockholm: European Network for Social and Emotional Competence.

ORTEGA, R. (1998). *La convivencia escolar: qué es y cómo abordarla*. Sevilla: Consejería de Educación y Ciencia. Junta de Andalucía.

_____; MORA-MERCHÁN, J. A. (2000). *Violencia escolar: Mito o Realidad*. Sevilla: Mergablum, Edición y Comunicación.

PIKAS, A. (1989). The common concern method for the treatment of mobbing. In: ROLAND, E.; MUNTHE, E. (eds.). *Bullying: An international perspective* London: David Fulton, pp. 91-105.

POLO DEL RÍO, M. I.; LEÓN DEL BARCO, B.; FAJARDO BULLÓN, E; FELIPE Y PALACIOS GARCÍA, V. (2014). Perfiles de personalidad en víctimas del acoso escolar. *International Journal of Developmental and Educational Psychology*, 1, (1), 409-416.

PELEG-OREN, N.; CARDENAS, G.; COMERFORD, M.; GALEA, S. (2012). Association Between *Bullying* Behaviors and Alcohol Use Among Middle School Students. *The Journal of Early Adolescence*, 32 (6), 761-775.

REIJNTJES, A.; VERMANDE, M.; THOMAES, S.; GOOSSENS, F.; OLTHOF, T.; ALEVA, L.; VAN DER MEULEN, M. (2016). Narcissism, *bullying*, and social dominance in youth: A longitudinal analysis. *Journal of Abnormal Child Psychology,* 44, 63-74. doi: 10.1007/s10802-015-9974-1.

RIGBY, K. (2002). *New perspectives on bullying*. London: Jessica Kingsley Publishers.

RIVERS, I. (2018). Homophobic, biphobic and transphobic *bullying* in schools. In: COWIE, H.; MYERS, C. A. (eds.). *School Bullying and Mental Health: Risks, In- terventions and Prevention.* London: Routledge, pp. 35-45.

ROBINSON, G.; MAINES, B. (2003). *Crying for help. The no blame approach to bullying.* Bristol: Lucky Duck Publishing.

RODKIN, P. C.; ESPELAGE, D. L.; HANISH, L. D. (2015). A relational framework for understanding *bullying* developmental antecedents and outcomes. *American Psychologist, 70*, 311-321. doi: 10.1037/a0038658.

ROMANÍ, F.; GUTIÉRREZ, C. (2010). Auto-reporte de victimización escolar y facto-res asociados en escolares peruanos de educación secundaria, 2007. *Rev. Perú. Epidemiol,* 14 (3), 9.

ROMERA, E.; DEL REY, R.; ORTEGA, R. (2001). Factores Asociados a la Implicación en *Bullying*: Un Estudio en Nicaragua. *Psychosocial Intervention,* 20 (2), 161-170. doi:10.5093/in2011v20n2a4.

RULLAN, V. (2011). Justicia y Prácticas Restaurativas. Los Círculos Restaurativos y su aplicación en diversos ámbitos. Proyecto final de Máster en Resolución de Conflictos y Mediación. Tesis de maestría no publicada. Universidad de León. En línea: <http://goo.gl/RWydY> (extraído el 10 Noviembre 2012).

SALMIVALLI, C., Lagerspetz, K. M. J.; BJÖRKQVIST, K.; ÖSTERMAN, K.; KAUKIAINEN, A. (1996). *Bullying* as a group process. Participant roles and their relations to social status within the group. *Aggressive Behavior,* 22, 1-15.

SANDOVAL, Vilela; MEJÍA Y CABALLERO (2018). *Revista Chilena de Pediatría,* 89, (2), 208-215. doi: 10.4067/S0370-41062018000200208.

SCHULTZE-KRUMBHOLZ, A.; GÖBEL, K.; SCHEITHAUER, H.; BRIGHI, A.; GUARINI, A.; TSORBATZOUDIS, H.; BARKOUKIS, V.; PYZALSKI, J.; PLITCHA, P.; DEL REY, R.; CASAS, J.; THOMPSON, F.; SMITH, P. (2015). A comparison of classification approaches for *cyberbullying* and traditional *bullying* using data from six european countries. *Journal of School Violence,* 14, (1), 47-65.

SLEE, P.; SKRZYPIEC, G. (2016). School *bullying*, victimization and pro-social behaviour: positive education. In: ILONA, B. (ed.). *Well-Being, Positive Peer Relations and Bullying in School Settings.* Suiza: Springer International Publishing, pp. 109-130.

SLONJE, R.; SMITH, P. K.; FRISÉN, A. (2012). Processes of *cyberbullying* and feelings of remorse by bullies: A pilot study. *European Journal of Developmental Psychology,* 9, 244-259.

SMITH, P. K. (2014). *Understanding school bullying: Its nature and prevention strategies.* London: Sage. doi:10.4135/9781473906853.

_____ (2017). *Cyberbullying* in young people: An overview of its nature and impact. Ponencia presentada en *6th ENSEC Conference*, Stockholm: European Network for Social and Emotional Competence.

SMITH, P. K.; ROBINSON, S.; MARCHI, B. (2016). Cross-national data on victims of *bullying*: What is really being measured? *International Journal of Developmental Science,* 10, 9-19. doi:10.3233/DEV-150174.

SCHWARTZ, D.; GORMAN, A. H.; NAKAMOTO, J.; TOBLIN, R. L. (2005). Victimization in the Peer Group and Children's Academic Functioning. *Journal of Educatio- nal Psychology*, 97 (3), 425-435.

SWEARER, S. M.; HYMEL, S. (2015). Understanding the psychology of *bullying*: Moving toward a social-ecological diathesis-stress model. *American Psycho- logist,* 70, 344-353. doi:10.1037/a0038929.

TAKIZAWA, R.; MAUGHAN, B.; ARSENEAULT, L. (2014). Adult health outcomes of childhood *bullying* victimization: evidence from a five-decade longitudinal British birth cohort. *Journal of Psychiatry,* 171, 777-784.

THOMBERG, R.; JUNGERT, T. (2012). Bystander behavior in *bullying* situations: basic moral sensitivity, moral disengagement and defender self-efficacy. *Journal of Adolescence,* 23, 34-85.

TOBLIN, R. L.; SCHWARTZ, D.; GORMAN, A. H.; ABOU-EZ-ZEDDINE, T. (2005). Social-cognitive and behavioral attributes of aggressive victims of *bullying*. *Journal of Applied Developmental Psychology,* 26, 329-346.

TTOFI, M.; FARRINGTON, D. (2011). Effectiveness of school-based programs to reduce *bullying*: a systematic and meta-analytic review. *Journal of Experimental Criminology,* 7, 27-56.

TOGNETTA, L.; AVILÉS, J. M.; ROSARIO, P. (2016). *Bullying*, un problema moral: representaciones de sí mismo y desconexiones morales. *Revista de Educación,* 373, 9-34. doi: 10.4438/1988-592X-RE-2016-373-319.

TOGNETTA, L.; AVILÉS, J. M.; ROSARIO, P.; ALONSO, N. (2015). Moral desengagement, self-efficacy and *bullying*. *Revista de Estudios e Investigación en Psicología y Educación,* 2 (1) 30-34. doi:10.17979/reipe.2015.2.1p.34.

TOTURA, C. M. W.; KARVER, M. S.; GESTEN, E. L. (2014). Psychological distress and student engagement as mediators of the relationship between peer victimization and achievement in middle school youth. *Journal of Youth and Adolescence,* 43, 40-52. doi: 10.1007/s10964-013-9918-4.

TRAHTEMBERG, L. (2009). Del *bullying* a las drogas. En línea: <http://www.cne.gob. pe/index.php/Le%C3%P^ñ-Trahtemberg-Siederer/del-*bullying*-a-las-drogas. html> (extraído 2 de enero de 2015).

URUÑUELA, P. M. A. (2018, 3. ed.). *Trabajar la convivencia en los centros educativos. Una mirada al bosque de la convivencia.* Madrid: Narcea.

_____ (2018). *La gestión del aula. Todo lo que me hubiera gustado saber cuando empecé a dar clase.* Madrid: Narcea.

VAELLO, J.; VAELLO, O. (2012). *Claves para gestionar conflictos escolares. Un sistema de diques.* Barcelona: Horsori.

VAN NOORDEN, T. H. J.; BUKOWSKI, W. M.; HASELAGER, G. J. T.; CILLESSEN, A. H. N. (2016). Disentangling the frequency and severity of *bullying* and victimization in the association with empathy. *Social Development,* 25, 176-192. doi:10.1111/sode.2016.25.issue-1.

YANG, A.; SALMIVALLI, C. (2013). Different forms of *bullying* and victimization: Bully-victims versus bullies and victims. *European Journal of Developmental Psychology,* 10 (6), 723-738.

Rua Dona Inácia Uchoa, 62
04110-020 – São Paulo – SP (Brasil)
Tel.: (11) 2125-3500
paulinas.com.br – editora@paulinas.com.br
Telemarketing e SAC: 0800-7010081